Der neue Rosen-Garten

Partnerpflanzen & Beetgestaltungen

Text: Viktoria Freifrau von dem Bussche
Beschreibung der Beipielbeete: Ursula Gräfen
Fotos: Ferdinand Graf von Luckner

blv

Inhalt

Prolog

»I beg your pardon, I never promised you a rosegarden ...« Ein schöner Schlager aus den 1970er-Jahren brachte es auf den Punkt: Der Rosengarten ist Inbegriff der Perfektion, die man nie erreicht und deshalb auch nicht versprechen möchte. Nein, ich habe niemandem einen Rosengarten versprochen, und ein Rosenbuch, das der Diva assoluta gerecht würde, schon gar nicht. Denn über Vollkommenes zu schreiben ist ein Wagnis. Nie würde es mir einfallen, mich an einer allumfassenden Abhandlung etwa über das Werk von Praxiteles, über Vermeers »Mädchen mit dem Perlenohrring« oder die Rokeby-Venus von Velázquez zu versuchen. Und so ist auch dieses Buch nur eine Annäherung an die Rose. So wie auch ein jeder Rosengarten nur eine Annäherung an die Rose sein kann, ein immer neuer Versuch, die Schönheit dieser großartigen Blume zu erfassen und für sich neu zu interpretieren.

Ein wichtiger Aspekt einer jeden Neuinterpretation ist die Auswahl und Zuordnung der die Rose begleitenden Stauden und Sommerblumen. Zu lange wurden sie als reine Statisten, als Fußvolk und Hofstaat der Blumenkönigin betrachtet. Wann und warum es zu dieser Dominanz der Rose und gar der Vereinzelung in eigens ihr allein zugedachten Partien im Garten kam, ist kaum nachvollziehbar. Dass sie ein Ende haben muss, forderten bereits die Ikonen englischer Gartenkunst, William Robinson und Gertrude Jekyll, vor hundert Jahren.

»Es gibt eine Blume ...«

»Sie duftete und glühte für mich.«

Die Palette, derer wir uns für den zeitgemäßen, den neuen Rosengarten bedienen können, ist inzwischen unerschöpflich. Neuzüchtungen von Stauden und Sommerblumen, aber auch bewährte Klassiker schaffen ungeahnte Möglichkeiten. Wir sollten sie nutzen. Dazu möchte ich Sie mit diesem Buch einladen.

»Da, wo ich herkomme ...«

»Am Abend werden Sie mich unter einen Glassturz stellen. Es ist sehr kalt bei Ihnen. Das ist schlecht eingerichtet. Da, wo ich herkomme ...«

»Aber sie hatte sich unterbrochen. Sie war in Form eines Samenkorns gekommen. Sie hatte nichts von den anderen Welten wissen können. Beschämt, sich bei einer so einfältigen Lüge ertappen zu lassen, hatte sie zwei- oder dreimal gehustet, um den kleinen Prinzen ins Unrecht zu setzen.«

Antoine de Saint-Exupéry »Der kleine Prinz«

Vor Jahrtausenden holten die Perser die Rosen aus den Bergen des Kaukasus

Die Rose, die hier zu dem kleinen Prinzen spricht, stammt aus den schützenden Mauern des Gulistan, des persischen Rosengartens. Ein umschlossener Garten der Düfte und der Farben, ein Ort der Muße und der Lust in orientalischer Fülle und Sinnlichkeit. Der Gulistan ist eine künstlich geschaffene Oase. Die hohen Mauern schützen vor der Hitze des Tages und vor den rauen Winden der Nacht. Zedern, Myrten und Akazien, Quitten-, Mandel-, Pfirsich- und Aprikosenbäume, Veilchen und Narzissen, Lilien und Iris, Bougainvillea und Mispelstrauch bilden mit dem leuchtenden Orangerot der Zitrusfrüchte und der Kakis ein Farbenspiel, das mit der Sinfonie der Düfte von Zitrus und Zeder, Patschuli, Lilie und Rose wetteifert. Die Perser hatten die Rose aus den Bergen des Kaukasus geholt, wo sie wild an steinigen Hängen wuchs, verschont von den Schafen und Ziegen wegen ihrer Stacheln. Sie setzten sie in ihren Ziergarten und genossen die blühende Fülle und den Duft. Wann mag das gewesen sein? Die Paläste des Nebukadnezar standen noch nicht, aber das Reich der Sumerer war schon zerstört. Der Tempel des Königs Salomo war noch nicht erbaut und Tutanchamun lag noch nicht in seinem goldenen Grab.

LINKS Wie ein buntes Gewebe vermischen sich die kraftvollen Blüten der Rosen mit ihren filigranen Begleitern.

OBEN Die transparenten Blütenstände des Bartfadens 'Dark Towers' umspielen die Beetrose 'Baronesse'®.

Wie ein kostbarer Teppich breitete sich der Gulistan in seinen schützenden Mauern und Hecken aus, ein Teppich, aus Blumen gewebt. Bäume und Sträucher sind die Kettfäden. Die zarten Rosenblüten durchweben das Gerüst in ihrer Farbskala von Weiß bis Purpurrot.

Bald hielt der persische Gulistan in Form von Gartenteppichen Einzug in die vornehmen Stadthäuser. Durch diese Teppiche wurde das Bild des persischen Rosengartens in die Neuzeit überliefert und ist Vorbild für Rosengärten seit Jahrhunderten.

Wann unsere Rose aus ihrem Paradies vertrieben wurde, wissen wir nicht. Warum sie aus der Fülle der orientalischen Duft- und Farbenwelt verbannt wurde, um in den sogenannten Rosengärten der Neuzeit ihr einsames Leben als Diva assoluta zu fristen, können wir erahnen.

Ihre Schönheit wurde ihr zum Verhängnis. Ihre Bedeutung als Symbol der göttlichen und der irdischen Liebe weckte die Begierde der Menschen. Sie wollten sie besitzen, sie nach ihren Wünschen formen, sie auf einen Sockel stellen, sie bewundern, verschwenden, vermarkten.

چو هندوی زلف تو بر آتشم
ز خورشید روی تو در آتشم
ز نقش رخت نسخه دیده ام
چه نقشی که مثل تو نشنیده ام

Der antike Mythos erzählt den Ursprung der Rose so: Als Aphrodite, die Göttin der Liebe, dem Meer entstieg, erblühten Rosen unter ihren Schritten. Die Göttin verlieh der Rose ihre Schönheit. Dionysos, der Gott des Rausches und der Sinneslust, verlieh ihr den Duft. Anmut und Glanz erhielt sie von den drei Grazien.

GÖTTLICHE SCHÖNHEIT UND DIONYSISCHER DUFT

Bald wurden Rosenblüten zum Symbol für Dekadenz und Verschwendungssucht. Sie bedeckten die Marmorböden der Villen und Paläste oder wurden in Bädern und Caldarien wahllos ausgeschüttet. Die ägyptische Königin Kleopatra soll Marcus Antonius in der ersten Liebesnacht in einem Gemach empfangen haben, das knietief mit Rosenblüten bedeckt war. Der römische Kaiser Nero verschleuderte Unsummen, um bei seinen Gelagen ganze Paläste und sogar Seeufer in Rosenblüten versinken zu lassen. Sein späterer Nachfolger Kaiser Heliogabal ließ bei einem Fest so viele Rosenblüten in einen Saal regnen, dass einige Gäste darin den Tod fanden: Die berauschten Festteilnehmer erstickten jämmerlich in den Blütenmassen.

Dann wurde es still um die Rose. Wo einst das Römische Weltreich glanzvoll regierte, breitete sich jetzt die Dunkelheit des Mittelalters aus. Klostermauern, weit entfernt von dem heimatlichen Gulistan, schützten die weit gereiste Rose vor dem eisigen Nordwind. Ein neues Zuhause in einer neuen, unbekannten Welt.

LINKS Die persische Miniatur aus dem 15. Jh. zeigt die üppige Blütenfülle eines orientalischen Gartens. Geschützt durch umgebende Mauern, wachsen hier Rosensträucher und andere Blütenpflanzen in lockerer Mischung.

OBEN Eine perfekt aufeinander abgestimmte Kombination: Das Innere der Blütenglocken des Fingerhutes 'Illumination Pink' entspricht genau dem Farbton der Strauchrose 'Lady of Shalott'.

»Es war eine so stolze Blume.«

»›Zieh es nicht so in die Länge, das ist ärgerlich.
Du hast dich entschlossen zu reisen. So geh!‹
Denn sie wollte nicht, dass er sie weinen sähe.
Es war eine so stolze Blume.«

Antoine de Saint-Exupéry »Der kleine Prinz«

Die Rose ist stolz. Zu Recht. Denn sie hat eine große Vergangenheit.

Die Rose ist kapriziös. Sie fordert uns heraus. Sie verlangt unsere ganze Aufmerksamkeit, mehr noch: unsere ganze Hingabe. Ihre Stacheln zerkratzen unsere Haut, zerreißen unsere Kleidung. Sie welkt, kaum ist sie aufgeblüht. Ihre Blüten mögen keinen Regen. Ihre Farben verblassen unter den Strahlen der Mittagssonne. Mehltau, Rost und Sternrußtau suchen sie heim. Ihr Duft ist flüchtig, wenn überhaupt vorhanden. Sie ist dominierend, unberechenbar, einzigartig. Und sie ist stolz. Zu Recht, denn sie hat eine große Vergangenheit.

Vor über 2500 Jahren schrieb die griechische Dichterin Sappho: »... Rosen beschatten die Hänge. Traumlos rieselt der Schlaf, von ihren bebenden Blättern ...« Von diesen Hängen, an denen die Rosen im Frühling wie durch ein Wunder an stacheligen, struppigen Zweigen erblühten, hatten die Perser vor Tausenden von Jahren ihre Rosen genommen und sie wie einen geborgenen Schatz in ihren Garten gesetzt. Im geschützten Raum des Gulistan entfaltete sie sich zu ganz neuer Schönheit. Der Duft der Rose steigerte sich ins Unbegreifliche und die Schönheit und die Farbe der Blüte waren überwältigend.

IRDISCHE SCHÖNHEIT – GÖTTLICHE VOLLKOMMENHEIT

»Des Seelengartens Bote ist die Rose, und Inbegriff der Schönheit ist die Rose. ... Ein neues Leben wird den Geist beschwingen, wenn er sich labt am süßen Duft der Rose«. Mit diesen Worten besang der persische Dichter und Mystiker Maulana Dschelaleddin Rumi im 13. Jahrhundert die irdische Schönheit der Rose als Spiegel der göttlichen Vollkommenheit. Schönheit, Duft und Vollkommenheit der Rose waren Ausdruck der Vollendung, die der Mensch im Jenseits ersehnte und die er im diesseitigen Leben mit der Schönheit seines Gartens verwirklichte. Diese Schönheit, so überwältigend sie auch war, fügte sich in eine Ordnung, die den Persern schon damals bekannt war. Die fünf Blätter der Rosenblüte bilden eine Pentade, der griechische Begriff für ein fünfteiliges Element oder Phänomen. Die fünffache Symmetrie der Pentade ist eine häufige Erscheinung des Kosmos, man denke an die fünf Finger und Zehen des Menschen oder die fünf Sinne, Sehen, Hören, Riechen, Tasten und Schmecken.

LINKS Die Eleganz der schwarzroten Edelrose 'Barkarole'® ist hier gepaart mit dem naturhaften Charme der gleichfarbig blühenden Kornblume 'Black Ball'.

RECHTS Aus den grün-weißen Blütenwolken des Silberdills *(Ammi visnaga)* streckt die robuste und würzig duftende Edelrose 'Hamburger Deern'® ihre lachsfarbenen Blüten hervor.

RECHTS UNTEN Die stark gerüschten Blütenbälle der Beetrose 'Schöne vom See'® erwecken romantische Assoziationen. Geerdet wird sie durch die dunklen Blüten der Bartnelke 'Dash Crimson'.

OBEN Die locker tanzenden Blüten von Strahlendolde und Nelkenwurz lassen die einzelnen Rosenblüten gut zur Wirkung kommen.

Die bekannteste Form der Pentade, das Pentagramm, galt als Geheimzeichen. Das Wissen um seine Verwendung war bis in die Zeit der Renaissance nur Eingeweihten bekannt und wurde nur mündlich weitergegeben. Die früheste Verwendung des Pentagramms wurde auf babylonischen Töpfereifragmenten aus der Zeit um 3500 v. Chr. gefunden. In späteren Epochen von Mesopotamien, diesem Land zwischen Euphrat und Tigris, dem Land des Garten Eden und des Gulistan, dem unsere Rose entstammt, wurde es in königlichen Inschriften verwendet und war ein Symbol kaiserlicher Macht.

Mathematisch ist das Pentagramm die Grundlage des Goldenen Schnitts, auch bekannt als Göttliche Proportion, Göttliche Teilung oder Goldene Zahl. Ein einfaches, aber zugleich auch rätselhaftes Prinzip, das sich in der Natur, Kunst und Wissenschaft unendlich wiederholt.

RÖMISCHER LUXUS – KLÖSTERLICHE STRENGE

In der griechisch-römischen Kultur verkörperte die Rose als Blume der Aphrodite und Venus die Schönheit. Sie war das Symbol für Liebe, Anmut und Lebensfreude, aber auch für Vergänglichkeit und Tod. Der griechische Dichter Anakreon nannte die Rose »Ehre und Zauber der Blumen, die Lust und Sorge des Frühlings, die Wollust der Götter«.

Griechische Seefahrer brachten die Rose nach Italien, wo sie einen wahren Rosenrausch auslöste. Tausende Rosengärten, sogenannte Rosarien, schossen aus dem Boden. Man nahm die Mahlzeiten auf Blütenblättern sitzend ein, Speisen und Wein wurden damit parfümiert, Gäste wurden »auf Rosen gebettet«. Die Rose wurde zum Sinnbild für Luxus, Reichtum und irdische Lust. Für die Christen war sie die Blume

der Lasterhaftigkeit, der Verschwendung und des Verfalls. Die heilige Eulalia, eine spanische Märtyrerin des 3. Jahrhunderts, mochte angeblich den Duft der Rosen ebenso wenig wie Juwelen und andere weltliche Freuden.

In den Klöstern führte die Rose ein Schattendasein. Sie wurde fromm und keusch und war nur mehr eines von vielen Heilkräutern. Ihre Blüte und ihr verführerischer Duft, Inbegriff der Schönheit für die Perser und der Wollust der Götter bei den Griechen und Römern, galt als lasterhaft. Sie war lediglich ein Zwischenstadium, der Übergang zur Frucht, die man für Heilzwecke nutzte. Ihr Fruchtfleisch wurde zu Tee verarbeitet oder auch unvermischt angewendet bei Katarrhen, Keuchhusten, Harnleiden, Darmbeschwerden und akuten Entzündungen der Nieren oder des Nierenbeckens. Die Kerne gebrauchte man bei Harngrieß und Nierensteinen.

DER ZERRISSENE FADEN DER SCHÖNHEIT

»Schönheit liegt im Auge des Betrachters.« Ob dieses Zitat nun von dem griechischen Historiker Thukydides stammt oder von dem schottischen Philosophen und Ökonomen David Hume, von Goethe oder dem Maler Gustave Moreau, klarer kann es nicht gesagt werden. Der Untergang des Römischen Reiches war gleichbedeutend mit dem Verschwinden der Lust an der irdischen Schönheit. Das Christentum hatte sich der Metaphysik verschrieben, der Liebe zum Jenseits, zu dem, was hinter den Dingen liegt. Der Gegenstand der Betrachtung wird nur schön durch seine Bedeutung, und göttlich ist allein das Jenseitige. Alles Diesseitige bedeutet Versuchung, Sünde und Tod. Die Natur, auch die eigene, menschliche, galt es zu überwinden. Die Trennungslinie zwischen Orient und Okzident war unwiderruflich vollzogen, der Faden der Schön-

OBEN Die ursprünglich fünf Blätter der Rosenblüte sind nur noch bei den Einfachblühenden zu erkennen, wie hier bei der Kleinstrauchrose 'Sweet Pretty®'. Diese besticht nicht nur durch die perfekte Blütenform, sondern auch durch die besonders langen, schön gefärbten Staubgefäße.

OBEN LINKS Die fünf Kelchblätter der Rosenblüten weisen eine Besonderheit auf. Zwei von ihnen haben beidseitig Fiederblättchen, zwei sind ganz kahl und das Fünfte hat eine gefiederte und eine kahle Seite.

heit war zerrissen. Der Schönheitsbegriff der Christenheit war ein radikal neuer, und der oben zitierte Hass der heiligen Eulalia auf alle weltlichen Freuden, den Duft der Rose eingeschlossen, ist beispielhaft.

Doch das währte nicht lang. Das Gesetz der Natur, nach dem auch der Mensch lebt und empfindet und das ihn immer wieder beflügelt, sich von Ideologien, autoritären Denkmustern und diktatorischen Gesetzen zu befreien, ist stark. Es wirkt intuitiv, zum Glück.

Der Schönheit der Rose, diesem Wunder, das da an kargen Klostermauern erblühte und seinen berauschenden Duft verströmte, konnten sich die Mönche nicht entziehen. Die Kirchenobrigkeit konnte es sich wiederum auf Dauer nicht leisten, sich den Weisheitslehren der Antike zu verschließen. Und wie all die Tempel, Akademien, Schriften, Künstler und Philosophen des klassischen Altertums, die die Christen zunächst ablehnten, hielt auch die heidnische Mythologie der Rose, mit einem christlichen Stempel versehen, bald Einzug in die christliche Religion. Die Rose, das Sinnbild der heidnischen Venus, wurde zum Symbol der Maria. Schon im 6. Jahrhundert erhob die Kirche die Rose zum Symbol des Leidens und der Reinheit. In der mittelalterlichen Mystik steht die Rose im Zentrum der Marienverehrung, sie wird zum Sinnbild des Blutes Christi und der Märtyrer. Im Jahr 1208 wurde die Gebetsschnur offiziell zum Rosenkranz und steht zusammen mit dem Rosengarten, dem Rosenhag, im Zentrum christlicher Ikonografie in der Kunst und Literatur des Mittelalters.

LINKS Während die Sterndolde 'Ruby Star' mit ihren tiefdunkelroten Stielen und Blütenköpfen die Farbe der Rose 'Munstead Wood' noch unterstreicht, bringt die weiß blühende Schwester 'Princesse Sturdza' Leichtigkeit ins Beet.

OBEN Man könnte meinen, die Aufnahme zeige zwei verschiedene Pflanzen. Aber bei der starkwüchsigen Beetrose 'Novalis®' entwickeln sich die hellfliederfarbenen Blüten tatsächlich aus kräftig rot getönten Knospen.

DIE KÖNIGIN ALLER BLUMEN

Marias Rosengarten wiederum bezog sein Motiv aus den persischen Paradiesgärten. Die Kreuzritter, die auszogen, um die Tempel der vorchristlichen Welt zu zerstören, hatten Gefallen gefunden an den umschlossenen Gärten der Heiden. So entstand der Hortus conclusus, der Inbegriff des Mariengartens, nach dem Vorbild des orientalischen Tschahar Bagh, des viergeteilten Gartens, von Mauern umgeben, mit Bäumen, Blumen und schmalen Kanälen. Das Kreuz, zu dem sich die vier Kanäle fügen, wurde zum Sinnbild des Kreuzes Christi.

Die Schönheit dieser neuen Paradiese entwickelte eine eigene Dynamik. Schon im 10. und 11. Jahrhundert wird der Klostergarten mehr und mehr zu einem Ort sinnlicher Freuden, in dem die Mönche ihren selbst gekelterten Wein still genießen und dabei in der Rose die Schönheit der Aphrodite und die Kraft des Dionysos verspüren. So wurde er zum Vorbild für die Lustgärten der Burgritter, Patrizier und Kirchenfürsten.

Das ist der Moment, in dem die Rose die Weltbühne zurückerobert und ihren Siegeszug als Königin aller Blumen antritt. Für den Bereich der Literatur und Kunst verleiht ihr Anfang des 14. Jahrhunderts der italienische Theologe, Philosoph und Dichter Dante Alighieri den Ritterschlag. »Dort ist die Rose, darin Gottes Wort einst Fleisch ward ...«, lässt er Beatrice in »Die Göttliche Komödie« erläutern (Paradies, 23. Gesang) und untermauert damit den Nimbus der Rose als sakrale und über jeden Zweifel erhabene Blume.

LINKS 'Gaard um Tietzebierg®' ist eine reich blühende Strauchrose mit dem natürlichen Charme der Wildrosen. Die zarten Blüten des Storchschnabels *(Geranium × oxonianum* 'Rose Clair') unterstreichen den naturnahen Charakter der Pflanzung.

RECHTS Das Weiß der Sterndolde und das Rot der Beetrose 'Roter Drache®' vermischen sich zum Farbton der Rose 'Boscobel'. Solche Verbindungen erzeugen Harmonie im Beet. Die Hainbuchenhecke im Hintergrund gibt der Pflanzung Halt.

OBEN 'Sangerhäuser Jubiläumsrose'® und ‚Tequila 2003'® stehen hier vereint mit dem Moorgras ‚Edith Dudszus', dem Mannstreu ‚Blue Star' und den leuchtenden Löwenmäulchen ‚Rocket Bronze'.

HERAUS AUS DEN KLOSTERMAUERN!

Der Siegeszug war nicht mehr aufzuhalten. Durch die Entdeckung weiterer Rosenvarietäten und einen stark zunehmenden Rosentransit rund um den ganzen Erdball entstanden immer mehr Sorten. Spontane Paarungen brachten interessante Nachkommen hervor, die von Rosenliebhabern entdeckt und vermehrt wurden. Diese in der Natur entstandenen Kreuzungen, die bereits vor Tausenden Jahren neben der fünfblättrigen die gefüllte Damaszener-Rose mit ihren stark duftenden Blüten und später die berühmte hundertblättrige *Rosa centifolia* hervorgebracht hatten, waren lange bevor die gezielte Züchtung durch Pollenübertragung entdeckt wurde, ein Garant für die Entstehung immer neuer Sorten. Seit der Renaissance wurde die Rose in Frankreich und Italien intensiv kultiviert. Nach der Reformation, gefördert durch die Bedeutung des Pfarrgartens als Keimzelle der deutschen Gartenkultur, dehnte sich die Rosenzüchtung auch im Norden Europas aus. Im Barock und Rokoko setzte sich die Rose als Königin der Blumen durch und hielt auch in Stadt- und Bauerngärten Einzug. Bereits im 18. Jahrhundert war sie die Nummer eins der europäischen Gartenkultur. Neue Züchtungserkenntnisse, die unter anderem in dem 1793 erschienenen Buch »Das entdeckte Geheimnis der Natur im Bau und in der Befruchtung der Blumen« des Botanikers Christian Konrad Sprengel minutiös dargelegt wurden, versetzten die Züchter, die sich bislang nur auf Zufall und natürliche Befruchtung verlassen konnten, in einen wahren Rosenrausch.

EINE ROSE OHNE DUFT! UNDENKBAR! ODER?

Die französische Kaiserin Josephine, Napoleons Gemahlin, die im Rosenmonat Juni auf der Insel Martinique geboren

OBEN Auch das Fingerkraut ist ein Rosengewächs. Seine fünfblättrigen Blüten durchziehen hier fröhlich tanzend die Kleinstrauchrose ‚Jazz'®.

wurde, legte, nachdem der Kaiser sie aus dynastischen Gründen verlassen hatte, zum Trost den schönsten Rosengarten der Welt an. Sie holte die berühmtesten Züchter und die seltensten Rosen des Erdballs in ihren Garten bei Schloss Malmaison. Darüber hinaus wendete sie die neuesten Methoden der Züchtung an und ließ ihre Schätze von dem Künstler Pierre Joseph Redouté malen, sodass ihr Garten bis heute unvergessen blieb.

Die Entdeckung der Chinarose zu Beginn des 19. Jahrhunderts führte zu einer kleinen Revolution in der Züchtung. Chinarosen, eher von zarter, wenig auffälliger Struktur, brachten eine wesentliche Eigenschaft mit: sie blühen den ganzen Sommer lang. Jetzt wuchsen Rosen heran, von denen man kaum zu träumen gewagt hätte. Der Rosenzüchter wird zum Prometheus: »Hier sitz' ich, forme Rosen nach meinem Bilde ...« Und doch, der Züchtererfolg forderte ein kostbares Opfer: den Duft. Eine Rose ohne Duft? Undenkbar! Oder?

DIE ROSE ALS SOLISTIN

Inzwischen waren andere Charaktereigenschaften wichtiger geworden. Die Größe der Blüte zum Beispiel, die Höhe, die Eleganz der Erscheinung, der kräftige Stängel, das glänzende Blatt. Stolze Rosen waren es und sie hießen 'Frau Karl Druschki' oder 'Baccara', waren schneeweiß oder fast schwarz. Dann kam die Floribunda auf den Markt, die vielblütige Beetrose. Erst hatte sie viele kleine Blüten, später dann als Floribunda Grandiflora viele große, die manchmal sogar dufteten. Sie bevölkerte von nun an die Beete in Stadtparks und Schlossgärten, eine beetfüllende Solistin, die aufgrund ihrer farblichen und strukturellen Dominanz kaum Raum für Begleitpflanzen ließ. Umrahmt von Buchsbaumhecken stand sie da, monochrom oder mehrfarbig, immer gleich, den ganzen Sommer lang. Im Herbst wurde sie leicht gestutzt und mit Tannengrün bedeckt, im Frühjahr stark zurückgeschnitten und alles ging von vorne

los. Da capo al fine, immer gleich – und ziemlich langweilig. – Aber das war noch nicht alles. Die Bodendeckerrose, der blühende Ersatz für *Cotoneaster*, eroberte den Markt. Mit ihren kleinen Blüten bildete sie einen dichten Teppich, der nur alljährlich mit der elektrischen Heckenschere gestutzt werden musste; darüber hinaus war sie wetter- und klimafest, auspuffgas-, schneeschieber- und streusalzresistent.

Die stolze Rose war zum reinen Werkstoff verkommen. Sie war in der Gosse gelandet. Am Straßenrand, auf Verkehrsinseln, an allen Nicht-Orten unserer Zivilisation stand sie nun, bedeckt mit achtlos aus dem Auto geworfenen Trinkbechern und Burgerschachteln, verfilzt von Klettenlabkraut und Nessel, geschwächt von wuchernden Wildtrieben, die von den Pflegekräften unerkannt blieben. Ein Graus. Da wünschte sich die Rose zurück in die kargen Klostermauern, wo sie sich zwischen Blut-Ampfer, Wegerich und Zinnkraut, verarbeitet zu Tee gegen Harnleiden und Darmbeschwerden doch immerhin noch ihr Selbstwertgefühl bewahrt hatte.

Die Rettung kam aus England. Lange vor der Entwicklung der Bodendeckerrose hatte sich William Robinson, ein Revolutionär der Gartenkunst, gegen die Mode der viktorianischen Gärtner aufgelehnt, Beete nach Farben und Mustern anzulegen und Rosen in gleicher Art und Farbe großflächig einzusetzen. Rosen separat zu pflanzen und sie anderen Gartenteilen vorzuenthalten erschien ihm gegen die Natur. »Es ist erstaunlich, wie dürftig und karg manche Anlagen wirken, denen die Schönheit der Rose viel Reiz verleihen könnte. Die Rose muss zurück in den Blumengarten, ihren wahren Bestimmungsort, nicht nur um ihrer selbst willen ...« Sein Plädoyer verfehlte sei-

LINKS Ein ideales Paar: Die Gänseblümchenblüten der bis in den Herbst blühenden Schönaster *Kalimeris incisa* 'Alba' nehmen die Farbtöne der Strauchrose 'La Feuillerie'® perfekt wieder auf.

OBEN Die anfangs rot überhauchten Knospen der kompakt wachsenden Beetrose 'Plöner Prinzenhaus®' stellen die Verbindung her zu dem stark kontrastierenden Rubinrot der Sterndolde 'Ruby Star'.

ne Wirkung nicht. Es traf sich allerdings, dass die meisten seiner zeitgenössischen Cottage-Garden-Akteure weiblicher Natur waren, sodass die femininen, zarten Pastelltöne Cremeweiß, Rosa und Hellblau bestimmend wurden und bis in die heutige Zeit die favorisierte Farbskala des Rosengartens sind. Der entscheidende Grund für dieses Farbschema war allerdings die Rückbesinnung auf die historische Rose, deren Töne sich auf Weiß, Rosa und Purpur beschränkte.

Dem englischen Züchter David Austin ist es schließlich zu verdanken, dass die Schönheit und der Duft der historischen Rosen mit der Farbvielfalt, Struktur und Blühdauer der modernen Rosen verbunden wurden. Die Einführung seiner Englischen Rosen in den 1960er-Jahren löste einen enormen Druck auf die Rosenzüchtung weltweit aus. Austins Rosen wurden Kult, jeder wollte sie in seinem Garten haben.

Die modernen Rosen, die Floribunda- und Edelrosen, galten, von nun an als out. Aber die großen europäischen Züchter zogen nach. Romantica- oder Märchenrosen, Malerrosen, Duftrosen der Provence: Wie auch immer die neuen Rosentypen heißen mögen, ihre gefüllten Blüten verbreiten Duft und Sinnlichkeit, ihre Farbskala kann es mit orientalischen Teppichen

LINKS AUSSEN Lilien sind seit je klassische Rosenbegleiter. Eine durch und durch elegante Kombination: die Edelrose 'Schloß Ippenburg'®, umgeben von Lilien und dem leider nicht winterharten Teufelstabak *(Lobelia tupa)*.

LINKS OBEN UND UNTEN Lavendel ist wohl einer der am häufigsten genannten und meistverwendeten Rosenpartner. Aber so schön diese Kombination auch aussieht, sie ist nicht ideal. Denn beide stellen ganz unterschiedliche Ansprüche an Boden und Nährstoffe. Doch auch wir haben uns verleiten lassen, Rosen im ersten Jahr nach der Pflanzung mit dem umfangreichen Lavendel-Sortiment zu zeigen.

OBEN Die gelbgrünen Blüten des Frauenmantels passen zu jeder Rosenfarbe. Sie harmonisieren schwierige Töne oder geben hier der zartrosa Kletterrose 'New Dawn' einen kräftigen Hintergrund.

aufnehmen, sie blühen den ganzen Sommer, sind kräftig und sehr gesund. Dem genialen Gärtner Christopher Lloyd ist es wiederum zu verdanken, dass dieses »Lady in the Pink«-Schema aufgebrochen wurde und die Farben Gelb, Orange und Rot ganz allmählich wieder gesellschaftsfähig sind. Er verbannte einen großen Teil seiner Rosen aus seinem Garten und ersetzte sie durch Stauden und Sommerblumen. Er wagte es sogar, Exoten, wie *Canna*, *Musa* (Banane) oder Dahlien in Rosenbeete zu setzen. Ein revolutionärer Akt, der in England für Aufruhr sorgte und das Potenzial für einen neuen »Rosenkrieg« enthielt. Den Weg über den Kanal hat dieses neue Gedankengut leider immer noch nicht geschafft. Pink und Pastell ist nach wie vor das beliebteste Farbschema in den Rosengärten deutscher Gartenliebhaber.

»... traumlos rieselt der Schlaf von ihren bebenden Blättern ...« So beschreibt die Dichterin Sappho die Rosen an den Berghängen ihrer griechischen Heimat. So haben sie die Menschen vor mehr als dreitausend Jahren im persischen Gulistan erlebt. Inbegriff der Schönheit, Wollust der Götter, Symbol der Venus und der Jungfrau Maria, Züchterstolz, Beetrose, Bodendecker, Abstandsgrünpflanze, Straßenrose: Was für ein Weg! Der Rose konnte all das nichts anhaben. Sie ist eine stolze Blume mit einer stolzen Vergangenheit; oder wie es Walter Page Wright auf den Punkt bringt: »Die Rose ist mehr als eine schöne und berühmte Blume, sie ist eine großartige, öffentliche Institution.«

OBEN Wie kleine Schneeflocken wirbeln die winzigen Knospen des Schleierkrauts zwischen den Blütenbüscheln der bis in den Herbst blühenden Kleinstrauchrose 'The Fairy' hindurch.

RECHTS OBEN Nicht nur farblich eine gelungene Verbindung: Die blauvioletten Blütenkerzen der Katzenminze verweben sich gut mit den flachen rosafarbenen Blütenschalen der historischen Rose.

RECHTS UNTEN Die Dolden-Glockenblume *(Campanula lactiflora* 'Superba') und die Rose 'Pretty Sunrise'® harmonieren farblich deshalb so gut, weil jede in ihren Blüten einen Farbanteil der Partnerpflanze aufweist.

»Wie schön Sie sind!«

»Der kleine Prinz, der der Entwicklung einer riesigen Knospe beiwohnte, fühlte wohl, es müsse eine wunderbare Erscheinung aus ihr hervorgehen, aber die Blume wurde nicht fertig damit, sich in ihrer grünen Kammer auf ihre Schönheit vorzubereiten. Sie wählte ihre Farben mit Sorgfalt, sie zog sich langsam an, sie ordnete ihre Blütenblätter eins nach dem andern. Sie wollte nicht wie die Mohnblüten ganz zerknittert herauskommen. Sie wollte nicht früher erscheinen als im vollen Ornat ihrer Schönheit. Nun ja! Sie wollte gefallen.«

Antoine de Saint-Exupéry »Der kleine Prinz«

Welche Begleitung wünscht die Rose? Etwa Koniferen? Oder Erica?

Die Rose ist ein Kind der Sonne. Sie liebt es, andere Sonnenkinder um sich zu scharen. Die Unsitte, sie allein auf nacktem Boden zur Schau zu stellen, sie auf dem Präsentierteller zu servieren, ist leider immer noch verbreitet. Die Verlegenheit, die der Gartenbesitzer gegenüber seiner Königin der Blume empfindet, diese Unsicherheit im Umgang mit der vermeintlichen Diva assoluta ist tief im Unterbewusstsein verankert. Noch in den 1960er-Jahren zementierte der berühmte Schweizer Rosenspezialist und Buchautor Dietrich Woessner die Lehre vom Umgang mit der Rose wie folgt: »Bei der Verwendung von Rosen müssen wir uns an einige ganz allgemeine Regeln halten, die darin bestehen, dass die Edelrosen, wenn möglich, nie mit anderen Rosen zusammengepflanzt werden und dass edle Gehölze und Stauden sich sehr gut zur Trennung verschiedener Rosenklassen eignen. ... Seien wir uns bewußt, dass Rosen niemals mit beliebigen Pflanzen ... gebraucht werden dürfen. Dagegen lassen sie sich vorzüglich mit Cotoneaster, Erica, Hypericum, Lavendel, Perowskia, Salvien und Ziergräsern verwenden. ... Auch kleine Koniferen bilden für Rosen eine vor-

UNTEN Das Fingerkraut *(Potentilla × cultorum* 'William Rollison') besticht durch kräftig orangefarbene, kleine Blüten, die das zarte Apricot der 'Sangerhäuser Jubiläumsrose'® noch verstärken.

RECHTS Leicht und luftig schweben die leuchtenden Blüten der Nelkenwurz *(Geum × cultorum* 'Prinses Juliana') und lassen den Blick frei auf die dahinter stehende Rose 'Centenaire de Lourdes Vermillion'®.

nehme Umgebung; zudem vertragen sich die Wurzeln dieser beiden Pflanzen sehr gut, und vielleicht lassen wir in der Nähe noch Lilien blühen ...«

ROSEN MÖCHTEN NICHT EINSAM UND ALLEIN SEIN!

Das Ergebnis ist uns zur Genüge bekannt. Rosen, Koniferen, *Cotoneaster* und Heide wachsen allesamt hübsch voneinander entfernt, da die möglichst keine Berührung mit anderen Pflanzen haben sollte. Hier und da ein einsamer Lavendel, eine Perowskia vielleicht, aber eher unwahrscheinlich. Und Rittersporn? Noch unwahrscheinlicher, da man ihn nach der Blüte zurückschneiden muss, was das akkurate Gesamtbild empfindlich stört. Der Boden zwischen den Pflanzen ist sauber geharkt oder mit einer Mulchschicht bedeckt, manchmal sogar mit Holzhäcksel, was besonders dem Lavendel gar nicht gefällt. Und Salvien? Ob damit die *Salvia splendens* mit Blüten wie feuerrote Zwergenmützen gemeint sind?

Die Hamburger Reformpädagogin und Rosenliebhaberin Alma de l'Aigle schrieb schon 1957 in ihrem berühmten Buch »Begegnung mit Rosen«: »... die bekannte niedrige, wie ein Reklamepaket leuchtende Salvia splendens läßt in den Gartengestaltern von heute peinliche Erinnerungen an Teppichbeete entstehen. Wo Salvia splendens herrscht, haben Rosen nichts zu suchen. Übrigens kenne ich einen Garten in einem Villenvorort, wo ein Gärtner Rosen mit Salvia splendens umgeben hat. Hoffentlich liest er mein Rosenbuch!«

DIE VERWANDTSCHAFT IST EIN GUTER BEGLEITER!

Alma de l'Aigle macht zwei sehr einfache, nachvollziehbare Vorschläge zum Einsatz von Rosenbegleitpflanzen. Man solle sich die große Familie der Rosenblütler, der Rosaceae, anschauen, empfiehlt sie. Da gebe es einige botanische Verwandte, die sich sehr gut eigneten. Und in der Tat: Nelkenwurz *(Geum)*, Fingerkraut *(Potentilla)* und Wiesenknopf *(Sanguisorba)* oder Frauenmantel *(Alchemilla)* passen hervorragend zu Rosen. Dann wendet sie sich den sogenannten Unkräutern zu, die wild am Wegesrand wachsen, und allen aus ihnen entstandenen Veredelungen und Züchtungen: »Wir finden sie am Rande der Äcker ..., am Feldrain und in der Geestlandschaft, auch dort überall, wo der Boden mit Urgestein durchsetzt ist. Sie haben also im Grunde eine wesensgleiche Heimat wie die Rosen. Diese Unkräuter haben blaue, weiße oder mattzitronengelbe – manchmal violettblaue ... Blüten. ... Ja, es ist seltsam, welch gute Kameraden für alle Rosen diese unbeachteten Wildpflanzen sind ...« Dies gilt natürlich auch für die veredel-

LINKS Die kugeligen, zart weiß gestreiften Knospen der Beetose 'Out of Rosenheim'® stellen die Verbindung her zu den farblich stark kontrastierenden Stauden: der Sterndolde 'Snow Star' und dem Mannstreu *(Eryngium yuccicifolium)*.

LINKE SEITE OBEN Der Mengenanteil der Blütenfarben steht in dieser Pflanzung im richtigen Verhältnis: Das helle Orange von 'Betty Harkness' überwiegt, während 'Pride of England' nur vereinzelt eingestreut ist und so spannungsreiche Akzente setzt.

LINKE SEITE UNTEN In diesem Beet überwiegt die Farbe Rot. Für Spannung sorgen das schlankwüchsige Reitgras *(Calamagrostis × acutiflora* 'Overdam') und die pinkfarbenen Blütenköpfe des Rosenwaldmeisters.

ten Nachfahren all dieser naturbelassenen Kinder Floras. Alma de l'Aigle rät, sich jede dieser Pflanzen in der Gesellschaft von Rosen vorzustellen, »als ›Teppich‹ zum Auseinanderhalten von verschiedenen Rosengruppen oder als ›Vorleger‹ vor einem Rosenbeet oder als ›Brücke‹ zur Verbindung von einer Rosenpflanzung zur anderen.« Zu den Favoriten der Rosenspezialistin zählen unter anderem Thymian und Schafgarbe, Königskerze, Ehrenpreis und Beifuß. Vor allem die blaublütigen Vertreter dieser wilden Gesellen wie Glockenblume, Wegwarte, Salbei oder Ochsenzunge hält sie für stimmige Begleiter. Und Gräser, deren Züchtungen in den vergangenen Jahren großartige Ergebnisse erzielten, erachtet sie als geeignete Rosenkavaliere.

Es geht Alma de l'Aigle gleichwohl nicht darum, nur die heimischen Wildkräuter und ihre Veredelungen als Rosenbegleiter zu verwenden. Da die Rose einen weiten Weg rund um den Erdball zurückgelegt hat, darf sie auch Weggefährten aus anderen Klimazonen zu sich gesellen. Entscheidend ist der naturhafte Habitus, die tanzenden, alles verwebenden Blüten, die filigranen Blätter und Stiele. Da spielt es keine Rolle, dass zum Beispiel *Salvia greggii* aus Mittelamerika, Ziertabakarten wie *Nicotiana knightiana* aus Peru oder die Fächerblume *(Scaevola aemula)* aus Australien kommen, ob Dreiblattspiere *(Gillenia trifoliata)* in Nordamerika und die Elfenbeindistel *(Eryngium giganteum)* im Kaukasus zu Hause sind.

LINKS OBEN Ein fantastischer Farbverlauf vom hellen Rosa ('Home & Garden'®) über kräftiges Pink ('Maxi Vita'®), dunkles Rosarot *(Echinacea* Catharina') bis hin zum Violett (Basilikum 'Magic Blue').

LINKS UNTEN Erst das Zusammenspiel mit Stauden und Sommerblumen macht aus einer reinen Rosenanpflanzung einen abwechslungsreichen, prächtigen Rosengarten.

OBEN Zur warmrosa blühenden 'The Alnwick™Rose' wurden Begleiter in dunklen Rot- und Brauntönen ausgewählt, wie der Wiesenknopf *(Sanguisorba* 'Tanna') oder die braunlaubige Silberkerze *(Cimicifuga* 'Brunette').

DIE WUNDERBARE VIELFALT DER SOMMERBLUMEN!

Die Züchtung hat in den vergangenen Jahren wahre Quantensprünge vollzogen. Die Vielfalt der Stauden, Sommerblumen und Gräser, die sich als Begleiter für Rosen eignen, ist überwältigend. Die viel gescholtenen Salvien wurden zu großartigen, filigranen Farbfeuerwerken in leuchtendem Rot, zartem Violett und satten Blautönen, an denen der Künstler und bekennende Blauliebhaber Yves Klein seine Freude gehabt hätte. *Salvia coccinea* 'Forest Fire' und 'Lady in Red', *Salvia greggii* 'Royal Bumble' sowie Salviensorten wie 'Amistad' und 'Wendy's Wish' passen ebenso gut zu Rosen wie die diversen Ziertabaksorten in ihren subtilen Blütentönen von Weiß über Limonengrün und Apricot bis hin zu einem satten Karminrot. Und auch aufrecht wachsende Pflanzen wie Königskerze, Fingerhut *(Digitalis)* und Bartfaden *(Penstemon)* bilden ein spannendes Pendant zu den eher ausladenden Rosenbüschen.

WIE EIN ORIENTALISCHER TEPPICH

Ein Rosengarten kann einem großen orientalischen Teppich gleichen. Die tanzenden, schwebenden Stauden und Sommerblumen übernehmen dabei den Part des Verwebenden. Sie sind zusammen mit den Tausenden, in allen Farben schillernden Rosenblüten die *Schussfäden*, die innerhalb der *Kettfäden*, der straff aufrecht stehenden Stauden und des oft steif und sparrig wachsenden Rosengeästs der neuen Rosen wie ein Weberschiffchen hin- und herweben.

LINKS Ein idealer Kleinstrauch zur Einfassung von Rosenbeeten ist die Zwerg-Blutberberitze. Im Ippenburger Rosarium 2000+ trennt sie die unterschiedlichen Farbfelder in den Jahresbeeten.

Blutweiderich *(Lythrum salicaria)* (OBEN LINKS) und Bartfaden *(Penstemon)* (UNTEN RECHTS) bilden vertikale Elemente, sind also den Kettfäden gleichzusetzen, während Breitsame *(Orlaya grandiflora)* (OBEN RECHTS) und Fingerkraut *(Potentilla)* (UNTEN LINKS) die Rosen tanzend und schwebend umgeben. Diese schwingenden, flirrenden Pflanzen sind gerade für kräftige Rosen unentbehrlich.

Die kräftige Rose 'Maxima Romantica'™ von dem französischen Züchter Meilland aus dem Jahr 2011 (OBEN LINKS) verträgt allerdings auch einen kräftigen, vertikal aufstrebenden Partner wie eben *Lythrum salicaria* 'Blush' und *Verbena bonariensis*, zumal sich die vordergründige Strenge des Habitus bei beiden Stauden durch das zarte Pink und Violett der Blüten und das matte Grau der Blätter verliert.

Die Rose 'Stephanie Baronin zu Guttenberg'™ von Tantau aus dem Jahre 2011 (OBEN RECHTS) wird hier in ganz femininer, zarter Begleitung gezeigt und wirkt dennoch nicht kitschig, denn die Sommerblume *Orlaya grandiflora* ist filigran und tanzend, zugleich aber immer ein wenig verwildert und unberechenbar.

'Bailando'™: Dieser Name ist Programm, denn er wird von dem spanischen Wort für »tanzen« abgeleitet. Der Tantau-Rose von 2008 (UNTEN LINKS) einen vertikalen Kontrapunkt entgegenzusetzen wäre gekünstelt. 'Bailando'™ darf hier mit *(Potentilla* 'Lady Willmott') in den Morgen tanzen.

Ganz anders die Rose 'Mamouche'™, des belgischen Züchters Louis Lens (UNTEN RECHTS). Ihre Blüten erscheinen in üppigen Büscheln und bilden im Endstadium flache Schalen mit gelben Staubgefäßen. Sie steht dem Bartfaden 'Huskers Red' gegenüber, der an kräftigen bronzefarbenen Stielen und Blättern Blütentrauben in einem kühlen Rosa produziert. Mit seinem dunklen Laub stellt er eine reizvolle Verbindung zu den dunklen Blättern der Blutbuchenhecke her.

Während er das kräftige Pink der Rose 'Kurfürstendamm' von Meilland aus dem Jahr 2007 (OBEN) und das leuchtende Blau der Glockenblume *(Campanula persicifolia)* gemeinsam mit dem dunklen, fast braunen Blatt der Silberkerze *(Cimicifuga simplex* 'Brunette') milde umgibt.

Hier leuchtet die rotgelbe Blüte der Rose 'Lady Emma Hamilton' des englischen Züchters Austin aus dem Jahr 2005 (OBEN) kräftig und energisch zwischen den violettfarbenen Blüten des Ziersalbeis *(Salvia nemorosa* 'Caradonna') hervor. Ein etwas gewagtes Farbenspiel, dass jedoch durch das rötliche Laub der Rose, das frische Grün der umgebenden Pflanzen und besonders durch die helle, zarte, das Blauviolett des Salbeis reflektierende Blüte des Storchschnabels *(Geranium pratense* 'Mrs. Kendall Clark') wunderbar aufgefangen wird.

Die Malerrose 'Edgar Degas' von dem französischen Züchter Delbard von 2002 (OBEN RECHTS) wiederum taumelt hier in einem impressionistischen Szenario von Nelkenwurz *(Geum* 'Prinses Juliana'). Zweifarbige Rosen zu kombinieren ist nicht einfach. Die tanzenden, wenig konturierten, fast strauchelnden Stängel und Blüten der Nelkenwurz sind hierfür ideale Partner. Erinnerungen an Gemälde von Monet oder an das leise Verklingen eines Prélude von Debussy werden wach. Passend zum Namen der Rose und zum Land, dem sie entstammt.

Die Rose 'Fairest Cape' von Kordes aus dem Jahr 2005 (UNTEN RECHTS) trifft auf die zinnoberrote Scharlach-Lichtnelke *(Lychnis chalcedonica)*, die auch unter dem wunderbaren Namen Brennende Liebe bekannt ist; schon das ein Grund, sie unbedingt zu pflanzen. Die Brennende Liebe kam im 16. Jahrhundert aus türkischen Gärten in den Norden und war zweihundert Jahre später für Goethe »als Gartenschmuck das Schönste, was man sehen kann«. Ende des 19. Jahrhunderts galt sie schon als altmodisch und ist heute wegen ihres kräftigen Rotorangetons eher unbeliebt. Zu Unrecht, denn ihre leuchtende Blüte steigert die Rottöne der umgebenden Rosen und erscheint, um im Bild der Musik zu bleiben, wie ein Trommelwirbel. Sie ist der Kontrapunkt in der überbordenden Fülle des Rosenbeetes, das wie ein Musikstück wirkt, mit breiten Akkorden und einzelnen Soli und einem rhythmischen Wechsel von Crescendo und Decrescendo, von Dur und Moll.

TRIAL AND ERROR

»Man darf den Blumen nicht zuhören, man muß sie anschauen und einatmen.« Die Herangehensweise von Alma de l'Aigle ist das Anschauen, so wie es Goethe in seiner »Italienischen Reise« formulierte: »Man habe auch tausendmal von einem Gegenstande gehört, das Eigentümliche desselben spricht nur zu uns aus dem unmittelbaren Anschauen.« Für die Gartengestaltung ist die Fähigkeit, durch Anschauen zu verstehen und danach zu handeln, die wichtigste Voraussetzung, wichtiger als alle Theorie. Wer genau hinschaut und nach verborgenen Zusammenhängen forscht, sei es in Büchern, in Gärtnereien oder Sichtungsgärten, und wer im eigenen Garten vieles selbst ausprobiert und beobachtet, der entwickelt allmählich ein Gefühl für den Charakter der Pflanzen. Dieser Prozess der Erkenntnis und Erfahrung durch Anschauen und durch immer neues Ausprobieren nach dem »Trial and Error-Verfahren« dauert oft Jahre und ist eigentlich nie zu Ende. Dabei nähren kleine Erfolge die Lust weiterzumachen und Niederlagen werden billigend in Kauf genommen und nur als weitere Stufe zu umfassenderen Verständnis angesehen. Die Lust, Neues zu wagen, wächst mit jedem Versuch, und das Gefühl, die Klaviatur zu beherrschen, erfüllt den Gärtner mit Leidenschaft. Bald kann er intuitiv entscheiden, was zusammenpasst oder was gar nicht harmoniert, was Spannung erzeugt oder Ruhe, welche Pflanze die Schönheit der Nachbarpflanze steigert und welche sie ihrer Schönheit beraubt. Denn darum geht es in einem Rosengarten: um die Steigerung der Schönheit der Rose durch Auswahl und Anordnung der Begleitpflanzen.

LINKS So üppig blühende Rosen eignen sich im Garten gut, um Akzente zu setzen. Hier bietet die Beetrose 'Marie Pavié' den perfekten Hintergrund für die blauen Blüten von Iris und Lavendel.

WIE SCHÖN DIE NEUEN ROSEN SIND! VERFÜHRERISCH UND GEHEIMNISVOLL!

Und wie schön die neuen Rosen sind! Sie sind großartig, verführerisch, geheimnisvoll. Und auch der Duft, den man zwischenzeitlich glaubte, der Schönheit und Vollkommenheit der Blüte opfern zu müssen, ist wieder zurückgekehrt. Den Anstoß für diese fantastische Entwicklung in der Rosenzucht hat mit Sicherheit David Austin gegeben. Austins Englische Rosen hatten alles. Sie waren vollkommen in der Blüte, romantisch im Wuchs, blühten den ganzen Sommer über und hatten diesen zauberhaften, altmodischen Duft, den man so lange schmerzlich entbehrt hatte.

Die züchterische Antwort kam aus allen Erdteilen. Die neuen Rosen sind schön, kräftig und gesund. Sie haben glänzende Blätter in allen Farbnuancen, von einem tiefen Dunkelrot bis zu einem frischen Grün, und ihre Blüten erstrahlen in nahezu allen Tönen außer reinem Blau. Sie sind üppig gefüllt, stehen auf kräftigen Stängeln, die ihre barocke Last spielend tragen. Aber auch wunderschöne ungefüllte Sorten sind unter den neuen Züchtungen, glänzende Fünf-Blütenblatt-Sterne mit gelborangefarbenen Staubgefäßen; Inseln der Wollust für Bienen und Hummeln.

LINKS Wie die Kettfäden in einem Gewebe strecken sich die dünnen Stiele des Eisenkrautes und die Blütenstände der Königskerzen im dahinter liegenden Beet in den Himmel.

OBEN Die kleinen Blüten des Fingerkrautes *(Potentilla nepalensis* 'Miss Willmott') ähneln denen der Kleinstrauchrose 'Pretty Girl'®, nur haben sie, anders als die Rose, eine dunkle Mitte.

Anders als die historischen Rosen vertragen die neuen Rosen starke Partner. Wuchernde, kriechende Sommerblumen dürfen ihnen eng auf den Leib rücken und bunte, schillernde Teppiche rund um sie ausbreiten. Von dort können sie ihre Halme, Stängel und Blüten durch die kräftigen Zweige schieben und ihre farbenfrohen Blüten der Sonne entgegenstrecken. Durch ihre verzweigte, an Strauchrosen erinnernde Struktur eignen sich die neuen Rosen bestens als Partner in gemischten Blumenbeeten etwa in Verbindung mit kräftigen, maskulinen Stauden wie Elfenbeindistel *(Eryngium giganteum)*, Federmohn *(Macleaya cordata)*, Artischocke *(Cynara scolymus)*, Steppenkerze *(Eremurus)*, Fackellilie *(Kniphofia)* und Wolfsmilch *(Euphorbia)* sowie markanten Gräsern. Oder man pflanzt ihnen eher duftige und grazile Partner zur Seite wie Frauenmantel *(Alchemilla)*, Storchschnabel *(Geranium)*, Witwenblume *(Knautia)*, Sterndolde *(Astrantia)*, Schmuckkörbchen *(Cosmos)* oder Jungfer im Grünen *(Nigella damascena)*. Sie durchweben die Rosen mit ihren filigranen Stängeln und Blättern und bilden ein impressionistisches, von Licht durchflutetes Gemälde; eine Augenweide und ein Tummelplatz für Hummeln und Bienen.

DAS AUGE DES MALERS ERSCHAFFT DIE SCHÖNSTEN GÄRTEN

Ein Rosengarten, der einem Wandteppich oder einem Gemälde gleicht, bedarf künstlerischer Fähigkeiten. Nicht zufällig kommen viele große Gärtner, besonders die Frauen unter ihnen, aus dem Bereich der Malerei. Die berühmteste unter ihnen ist Gertrude Jekyll, die gemeinsam mit William Robinson die englische Gartenkunst des Viktorianischen Zeitalters beendete und den legendären Cottage-Garden-Stil entwickelte. In ihrem Buch »Wald und Garten« gab sie Ende des 19. Jahrhunderts ihrer Gartenphilosophie Ausdruck: »Ich bin besonders dafür, Garten und waldigen Boden malerisch zu behandeln, mit hauptsächlich breiten Wirkungen und erst in zweiter Linie mit schönen Einzelheiten; und ich bin dafür, Pflanzen, Bäume und Grasflächen so anzuordnen, dass sie aussehen, als sei ihnen wohl und heimatlich zumute, und nicht, als seien sie Paradestücke bewußter Effekthascherei. Überall suche ich Schönheit und Harmonie zu schaffen, und besonders Harmonie in Farben.«

RHYTHMUS UND PROPORTION IN DUR UND MOLL

Neben dem Malerauge bedarf es aber auch des Auges eines Baumeisters, eines Architekten, um einen schönen Garten zu erschaffen. Die Schönheit einer Pflanzung wirkt nicht nur durch Farbe und Haptik von Blatt und Blüte, eine große Rolle spielen auch die rhythmische Bewegung und die Spannung, die durch das Nebeneinander verschiedener Formen und Volumen erzeugt wird. In der Architektur geht es um Proportion, um Rhythmus und um Zahlen. Die griechischen Philosophen des 5. Jahrhunderts v. Chr. waren überzeugt, dass Harmonie

LINKS Gegensätze sind ein wichtiges Gestaltungsmittel. So kommen die Blüten der Rose 'Fellowship' vor den filigranen Dolden des Fenchels besonders gut zur Geltung.

RECHTS OBEN Der Kugel-Lauch setzt bereits im Knospenstadium kraftvolle Akzente zur den mehrfarbigen Rosen ‚Pullmann Orient Expres'® (links im Bild) und der Malerrose ‚Edgar Degas'®.

RECHTS Vertikale Elemente wie Königskerze, Fingerhut oder auch hohe Gräser strukturieren und bringen Rhythmus ins Beet. Dazu sorgen sie durch die aufstrebende Form für Leichtigkeit.

OBEN Ein Blütenschaum aus Rosen und Färberkamille, aus dem sich die Königskerzen vorwitzig gen Himmel recken.

und Proportion in der Musik und der Architektur denselben Gesetzen folgen. Die Künstler der Renaissance, insbesondere Michelangelo und Leonardo da Vinci, widmeten sich intensiv dem Studium der Mathematik, der Geometrie und den Grundsätzen der Proportion. In seinem um die Mitte des 15. Jahrhunderts entstandenen Lehrbuch über das Bauwesen »De re aedificatoria« schreibt der italienische Autor, Mathematiker und Architekt Leon Battista Alberti: »Daraus schließe ich, dass die Zahlen, mittels deren die Zusammenstellung von Klängen unser Ohr mit Entzücken erfüllt, dieselben sind, die auch unser Auge und unseren Geist erfreuen. Wir sollten daher alle unsere Regeln für das Erstellen unserer Proportionen von den Meistern borgen …«

Ein malerisches Auge und ein Sinn für Rhythmus sind also gefordert. Der Gärtner ist zugleich Maler, Komponist und obendrein noch Dirigent. Er wählt hier ein Fugato, dort ein Scherzo oder ein Rondo. Er wechselt von Largo zu Allegro und Presto, von Crescendo zu Decrescendo, setzt ein Violinsolo, die Harfe, die Triangel und den Paukenschlag. Und er setzt die Akkorde, er wählt Dur oder Moll. Dur wird abgeleitet von dem lateinischen »durus«, dem Wort für »hart«, und Moll stammt von »mollis«, gleich »weich« oder »sanft«. Das taoistische Prinzip des Yin und Yang, das polar einander entgegengesetzte und dennoch aufeinander bezogene Kräfte bezeichnet, ist damit vergleichbar, Yang als das männliche Element und Yin als das weibliche.

Das Handwerkszeug für die Komposition sind Pflanzen, die in jeweils einer der Richtungen tendieren. Nicht immer kann man es ganz exakt voneinander trennen. Es gibt Stauden von weicher Struktur, deren Farben eher ins kühle, klare Dur gehören, und wiederum vertikal aufragende, vom Habitus eher männliche Stauden, deren Töne eindeutig warm und weich

OBEN 'Reines des Violettes' blüht zwar nur einmal, aber in einer überwältigenden Farbe und Fülle. Das magentafarbenen *Geranium psilostemon* unterstreicht diese Schönheit.

sind. Lavendel, Storchschnabel oder Federgras *(Stipa tenuissima)* stehen strukturell und rhythmisch für das weibliche, weiche Element, wobei Lavendel durch sein raues, graues Blatt durchaus einen männlichen Charakter hat und ganz klar einer Dur-Tonart angehört. Aber auch wenn es fließende Übergänge gibt, findet man doch einige Anhaltspunkte, die den Aufbau der Komposition erleichtern.

DAS WEIBLICHE UND DAS MÄNNLICHE ELEMENT

Den Pflanzen der Dur-Tonart oder des Yang-Prinzips wären unter anderem Balkan-Bärenklau *(Acanthus hungaricus)*, Kugel-Lauch *(Allium sphaerocephalon)*, Große Engelwurz *(Angelica gigas)*, Montbretie *(Crocosmia)*, Kugeldistel *(Echinops)* und Sonnenhut *(Echinacea purpurea)* zuzuordnen. Taglilien *(Hemerocallis)*, Schönaster *(Kalimeris)*, Brennende Liebe *(Lychnis chalcedonica)*, Bartfaden *(Penstemon)* und Fetthenne *(Sedum)* gehören entweder wegen ihrer warmen Farben oder der eher weichen Struktur in den Übergangsbereich und eignen sich deshalb sehr gut als Leitthema, das immer wieder aufscheint, oder als Paukenschlag. Eindeutig weiblichen Charakter weisen wiederum Feinstrahlaster *(Erigeron)*, Bronze-Fenchel *(Foeniculum vulgare* 'Rubrum'), Prachtkerze *(Gaura lindheimeri)*, Sonnenröschen *(Helianthemum)*, Fingerkraut *(Potentilla)* und Wiesenraute *(Thalictrum)* auf. Sommerblumen sind überwiegend dem Yin-Prinzip zuzuordnen, vor allem aber Gräser, die den Wind einfangen und sanft hin und her schweben, allen voran Federgras *(Stipa tenuissima)*, das auch unter dem Namen »Engelshaar« bekannt ist.

EINE GUTE METHODE FÜR AUTODIDAKTEN

Während das Malerauge, das seinem inneren Bild folgt, sich spielerisch an den Farben der Blüten erfreut und freizügig in den Farbkasten des Pflanzenangebots hineinlangt, braucht das Gespür für Rhythmus und Komposition oft jahrelange Übung und Erfahrung, um mit einer gewissen Treffsicherheit einen Garten zu einem gelungenen Gesamtwerk werden zu lassen. In den ersten Jahren, wenn der Garten und seine Pflanzen noch jung und die Strukturen der einzelnen Stauden noch nicht klar erkennbar sind, ist es eine schöne und brauchbare Möglichkeit, sich für den wiesenhaften Stil zu entscheiden, also eine eher impressionistische, fast pointillistische Komposition anzustreben. Dabei kann der Garten von Anfang an dicht bepflanzt werden, zumal die Sommerblumen ja nur ein Gastspiel geben und im Herbst den Platz wieder räumen. Im Vergleich zu der Symphonie, die angestrebt wird, ist dieser wiesenhafte Stil eher ein Capriccio oder eine Etüde. Gerade für Anfänger und Autodidakten ist dies aber die sicherste Methode und der Weg, der am wenigsten Enttäuschungen verspricht und größtmögliche Befriedigung erlangen lässt.

Mit Sommerblumen, Stauden und Gräsern kann man freizügig und unbefangen umgehen, immer vorausgesetzt, dass man ihre Ansprüche an Standort, Nahrung, Wasser und Licht berücksichtigt. Auf gestauchte Balkon- und Massenpflanzen sollte man verzichten, die »Königin der Blumen« erwartet von ihren Begleitern Persönlichkeit und Charakter. Bei der Gestaltung mit Rosen muss man sehr viel überlegter und mit mehr Bedacht ans Werk gehen als bei reinen Staudenrabatten. Habitus, Blattstruktur und Farbenspiel der Rosen sollten im Vorfeld gründlich studiert werden. Gärtnereien, Sichtungsgärten, Rosarien oder Bundes- und Landesgartenschauen sind dafür der geeignete Ort. Rosenkataloge, so verführerisch sie sind, eignen sich eher für Fachleute und Kenner, denn weder die Farben noch die Größe und der Habitus der Pflanzen lassen sich auf dem Papier eindeutig erkennen. Es ist zum Beispiel fast unmöglich, Rottöne von Blüten fotografisch befriedigend einzu-

LINKS Das dunkle Laub des Bartfadens 'Dark Towers' vermittelt zwischen den verschiedenen Schattierungen der Rosenblüten von 'Sister Elisabeth', 'Darcey Bussell' und der 'Heidi Klum Rose'®.

'Pretty Kiss'® ist eine Kleinstrauchrose aus der Pretty®-Familie des französischen Züchters Meilland von 2010 (OBEN LINKS). Diese Sorten mit Wildrosencharakter zeichnen sich alle durch ihre ungefüllten Blüten aus, bei denen die Staubgefäße oft auch noch nach Abfallen der Blütenblätter vital sind. Sie sind eine große Bereicherung im Garten, da sie aufgrund der fantastischen Blühfreudigkeit eine anhaltende Nahrungsquelle für Insekten bieten. Die zweifarbige 'Pretty Kiss'® lässt sich am besten mit gleichfarbigen Begleitern kombinieren.

'Guy Savoy'® von dem französischen Züchter Delbard von 2001 (UNTEN LINKS) ist eine ausdrucksstarke, hochwüchsige Strauchrose, die auch als kleine Kletterrose gezogen werden kann. Die großen, wunderbar fruchtig duftenden Blüten erscheinen in Farbschattierungen von Purpur- über Granatrot bis zu einem zarten Lila und sind von cremefarbenen Streifen durchzogen. Die Schafgarbe *(Achillea Millefolium*-Hybride 'Lilac Beauty') nimmt die zarten Lilatöne wieder auf. Gemeinsam mit der Rose blüht sie fast den ganzen Sommer lang.

Die 2009 von Tantau eingeführte 'Hans Gönewein Rose'® (OBEN RECHTS) ist eine kompakte, buschig wachsende Beetrose, deren anfangs ballförmige Blüten sich zu wohlgeformten großen Bechern entwickeln. Begleitet wird sie hier vom Scheinwaldmeister *(Phuopsis stylosa)*, der aufgrund der üppigen, purpurrosa Blütenstände auch »Rosenwaldmeister« genannt wird. Er bildet flache Teppiche, klettert aber auch gerne ein wenig mit seinen Trieben in die Rosen hinein.

Ein perfekter Partner zum nostalgischen Charme der Romantikrose 'History'® von Tantau von 2002 (UNTEN RECHTS) ist die Strahlendolde *(Orlaya grandiflora* 'White Lace'). Diese zauberhafte Pflanze wird viel zu wenig verwendet. Sie blüht zwar nicht ganz so ausdauernd wie manch andere Sommerblume, aber mit ihrer schwebenden Leichtigkeit und der zarten, naturhaften Ausstrahlung ist sie in der Lage, Pflanzen in einem Beet zu einem wunderbaren Ganzen zu verweben.

Die Kleinstrauchrose 'Escimo'® von Kordes aus dem Jahr 2006 (OBEN) erhebt sich wie ein kleiner Eisberg aus den wogenden Blütenähren von *Stipa tenuissima* 'Pony Tail'. Dieses auch »Engelshaar« genannte zarte Federgras ist ein wundervoller Rosenbegleiter, der sich aufgrund der zarten Struktur bei jedem Windhauch hin und her wiegt. Die einfachen, leuchtend weißen Blüten von 'Escimo'® erscheinen reichlich vom Frühsommer bis zum Herbst.

fangen. Lichteinfall, Haptik des Blütenblattes und das Blühstadium ergeben immer wieder neue Farbnuancen. Zum Glück gibt es heute ein fantastisches Angebot an blühenden Rosen in großen Containern. Das sollte man nutzen und die ersten Rosen im Stadium der Blüte kaufen.

FORMGEHÖLZE AUS BUCHS UND EIBE ALS KONTRAPUNKT

Als Neuling sollte man damit beginnen, die Lieblingsrosen zu pflanzen. Denn nur, wenn man eine Pflanze wirklich mag, gelingt es auch, sie zu kultivieren. Bei der Kombination mit anderen Rosen ist es wichtig, darauf zu achten, dass Farbe und Struktur von Blatt und Blüte harmonieren. Rosen sollten, einmal gepflanzt, am selben Platz bleiben. Nur dann entwickeln sie sich optimal. Alle anderen Pflanzen kann man wie in einem Puzzle hin und her schieben, im Frühjahr ergänzen, was im Sommer zuvor gefehlt hat, oder entfernen, was sich nicht bewährte.

Wenn es sich um einen großen Garten handelt oder um ein großflächiges Beet, ist es sehr wichtig, architektonische Elemente, wie beispielsweise Buchsbaumwürfel oder Eibenquader zu integrieren. Sie ergeben im Winter, wenn die Rosen nur sparriges Geäst, die Sommerblumen verschwunden und die Stauden eingezogen sind, zusammen mit den auch zu dieser Zeit noch gold leuchtenden, wehenden Gräsern ein reizvolles Bild. Im Sommer dienen sie als architektonische Stütze und als musikalischer Kontrapunkt im Blütengeflirr aus Rosen, Stauden und Sommerblumen.

LINKS Filigraner kann eine Pflanze kaum sein! Hier wird das »Flirren« zwar durch die Kamera verstärkt, aber der Bergfenchel *(Seseli montanum)* erzeugt mit seinen grazilen weißen Blüten auf zierlichen Stängeln tatsächlich ein leichtes Flimmern im Beet.

RECHTS Einfach blühende Rosen bezaubern durch ihre langen, orangefarbenen Staubgefäße. Sie laden Bienen und Hummeln ein und sind daher bei Naturliebhabern sehr geschätzt. Die Sorte 'Dolomiti'® verträgt gut die kräftige Farbe der Witwenblume.

Schon im zweiten Jahr werden sich einige Stauden zu größeren Gruppen entwickeln und für ein ruhiges Gesamtbild sorgen, zumal, wenn man, was ratsam ist, immer drei bis fünf Pflanzen zusammengepflanzt hat. Jetzt wird erkennbar, ob der Rhythmus stimmt. Erst jetzt beginnt die eigentliche kompositorische Arbeit. Stauden, die sich wuchernd ausbreiten, wie manche Sorten von Salbei, Katzenminze *(Nepeta)* oder Storchschnabel, werden jetzt geteilt und hier und da, wie ein Echo oder Leitmotiv, wieder eingesetzt. Fehlt ein vertikales Element hier, ein verbindendes dort, kann man es ergänzen. Das Spiel mit den Sommerblumen, deren Auftritt nur eine Saison überdauert, gehört dabei in den Bereich des Dirigierens, da es ermöglicht, Akzente zu setzen und ein Crescendo oder Decrescendo so zu planen, dass eine Harmonie entsteht. Vertikale oder auch weich wehende Gräser setzen Dur- und Mollakzente. Auf diese Weise wird das Auge geschult und der Garten bildet sich langsam heraus.

Um Enttäuschungen zu vermeiden, ist es hilfreich zu wissen, welche Pflanzen sich zu Rosen absolut nicht eignen. Die Rose liebt kalkhaltigen Boden. Der oben zitierte und noch bis heute häufig befolgte Rat von Dietrich Woessner, Erika oder Koniferen, die sauren Boden bevorzugen, gemeinsam mit Rosen zu pflanzen, ist deshalb eher seltsam. Das Gleiche gilt für Thuja, Rhododendron, Azaleen und Bauernhortensien. Für Alma de l'Aigle sind »leuchtende Salvien, buttergelbe Trollblumen, fette Begonien, orientalischer Mohn, ... Dahlien, Iris, Chrysanthemen und Nelken« ein No-Go im Rosenbeet. Goldlack *(Erysimum)*, Astern, Studentenblumen *(Tagetes)*, Löwenmaul *(Antirrhinum majus)*, Gladiolen und Zinnien schließt sie ebenso aus, wozu gesagt werden muss, dass die kleinen, zierlichen Zinnienblüten neuerer Züchtungen und die großartigen Riesenlöwenmäulchen, besonders die mit fast schwarzem Blatt und rubinroter Blüte, sehr gut zu Rosen passen. Das Gleiche gilt für den Goldlack, der besonders im Frühling, mit Tulpen

kombiniert, zu den frisch ausgetriebenen leuchtenden Rosenblättern perfekt harmoniert. Und die weiße Rose 'Schneewittchen' sieht in der Gesellschaft von gleichfalls weißen oder fast schwarzen Dahlien wie der Sorte 'Arabian Night' sowie Patagonischem Eisenkraut *(Verbena bonariensis)* und Gräsern sehr gut aus.

DIE FREIHEIT UND KREATIVITÄT DES GÄRTNERS

Es ließen sich hier einige Beispiele anführen, die den No-Gos von Alma de l´Aigle widersprechen. In den fast sechzig Jahren seit Erscheinen ihres Buches ist in der Pflanzenzüchtung sehr viel geschehen. Die Freiheit und Kreativität des Gärtners besteht gerade darin, selbst auszuprobieren, was möglich ist und anhand der Ergebnisse neue Erkenntnisse zu erlangen. Dazu noch einmal Gertrude Jekyll, sechzig Jahre früher als Alma de l'Aigle, in ihrem Buch »Wald und Garten«: »Ich habe viel aus anderer Leute Gärten gelernt und lerne immer noch, und ich hüte mich vor dem ›Besserwissen‹ – es gibt so unendlich viel zu lernen, und ein jeder Garten hat seine eigenen Bedingungen. Selbst wenn Boden und Lage in mehreren Gärten scheinbar dieselben sind und sie in derselben Gegend liegen. Die Natur ist ein so feiner Chemiker, dass man nie weiß, was sie für Pläne hat und was für Überraschungen sie uns aufbewahrt.«

LINKS Die Farbwirkung von Pflanzen ist immer abhängig von den Partnern, mit denen sie kombiniert werden. Das Weiß der Sterndolde 'Snow Star' zum Rot der Rosensorte 'Roter Drache'® ist sehr kontrastreich.

OBEN Die Kombination derselben Sterndolde mit der Rose 'Boscobel' wirkt weicher. Weiß ist hier bereits Bestandteil der Rosenfarbe, sodass die Farben nicht als Gegensatz wahrgenommen werden.

»Da war ein blühender Rosen-garten.«

»Und siehe! da waren fünftausend davon, alle gleich, in einem einzigen Garten!«

Antoine de Saint-Exupéry »Der kleine Prinz«

Es sollte ein »richtiger« Rosengarten werden. Ein neuer Rosengarten.

In Ippenburg gibt es Tausende Rosen. Alte Obstbäume werden von den Ramblern 'Bobby James' und 'Kiftsgate' umschlungen. Centifolien, Damaszener, Englische Rosen und unzählige neue Sorten wachsen in Beeten rund um das Schloss. Auch in den Schaugärten, die im Süden der alten Schlossgräfte seit der Jahrtausendwende alljährlich zu unterschiedlichen Themen angelegt werden, hat es schon verschiedene Interpretationen des Rosengartens gegeben. Internationale Gartendesigner aus Deutschland, Frankreich, den Niederlanden oder aus Großbritannien präsentierten auf den Gartenfestivals in Ippenburg ihre Version einer Pflanzung mit Rosen.

Aber was ist eigentlich ein Rosengarten? Vor das innere Augen schieben sich automatisch romantisierende Bilder einer von Rosenkaskaden überschäumten Laube, von mit Rosenbändern gesäumten Wegen, von smaragdgrünen Rasenflächen mit runden, ovalen oder nierenförmigen Beeten, gefüllt mit Rosen nur einer einzigen Sorte. »... fünftausend davon, alle gleich, in einem einzigen Garten!« Solcherart gestaltete Rosenbeete und Rosarien kennt jeder. Aber einen Rosengarten? Gehört dazu das ganze Programm? Also Edelrosen, die historischen und englischen Sorten, Polyanthas, Bodendecker- und Zwergrosen? Und wie steht es mit dem Equipment? Braucht man Rankgitter, Lauben, Körbe?

Trotz der vielen tausend Rosen, die in den Ippenburger Gärten wachsen, sollte es noch einen »richtigen« Rosengarten geben, einen, der die Rose in den Fokus stellt. Letztendlich schien ein Rosarium das geeignete Format zu sein, ein Rosarium des 21. Jahrhunderts. Diese Bezeichnung wurde bewusst gewählt, um den enzyklopädischen Anforderungen der Fachwelt, die von einem Rosarium mit Recht das ganze Rosenspektrum verlangt, entgegenzutreten. Der englische Gartendesigner Christopher Bradley Hole, ein Meister des Minimalismus, wurde im Jahr 2012 gebeten, die Architektur für das »Rosarium 2000 +« zu entwerfen. Es sollte, fern jeder Romantisierung, ganz klar und modern wirken. Der Rosenzüchter Sven Stange wählte die Rosen der Jahrgänge 2001 bis 2013 bei sechs europäischen Rosenzüchtern aus. Die Landschaftsarchitektin und Rosenspezialistin Ursula Gräfen erstellte schließlich den großartigen Pflanzplan und erweckte die bauliche Anlage so mit ihren virtuosen Pflanzenkombinationen zum Leben.

LINKS Eine kraftvolle Pflanzung mit großer Fernwirkung: Die fuchsienroten Rosen 'Dinky'® und 'Saint Exupery'® werden gesäumt von Katzenminze 'Souvenir d'Andre Chaudron' und dem Kandelaber-Ehrenpreis 'Adoration'.

RECHTS Ein farblich fein abgestimmtes Trio: 'Pink Swanny'®, 'Dinky'® und der Blutweiderich 'Robert', der durch seine dynamische Struktur Spannung erzeugt.

Der Schwerpunkt der Blüte aller Stauden und Sommerblumen liegt um die Mitte des Monats Juni, zur Zeit der ersten Rosenblüte. Dann findet auch das große Ippenburger Sommerfestival statt. Die Beete sind jeweils mit den Rosen eines Jahrgangs bepflanzt und in fünf bis sechs Farbfelder aufgeteilt. Im Frühling ist neben dem bereits erwähnten Goldlack ein Teppich aus Vergißmeinnicht *(Myosotis)* mit daraus emporwachsenden Tulpen und filigranen, weiß blühenden Narzissen das Highlight dieser Gartenpartie. Im Herbst sorgen unter anderem *Verbena bonariensis,* die Anemone 'Honorine Jobert', *Sedum telephium,* Gräser und Sommerblumen, die unermüdlich bis zum ersten Frost blühen, für ein prächtiges Farbenspiel.

Die Eiben- und Blutbuchenquader, die kleinen Hecken, die die Farbfelder trennen, und die fahlgelben Gräser ergeben auch im Winter ein wunderschönes Bild.

Die im Anschluss von der Landschaftsarchitektin Ursula Gräfen vorgestellten Beispielbeete vermitteln einen kleinen Einblick in die Vielfalt der Gestaltungsmöglichkeiten. Dabei werden nicht nur die einzelnen Kombinationen beschrieben und die verwendeten Pflanzen aufgelistet, sondern auch kurz allgemeine Gestaltungsgrundsätze erläutert.

LINKS 'Meilland's Rose Kurfürstendamm'® ist umgeben von einer bunten, wiesenartig durchmischten Pflanzung. Zwischen dem Laub erahnt man die dunklen Blatthorste der Silberkerze 'Brunette'.

OBEN Die kleinen Blütenknöpfe der Witwenblume *(Knautia macedonica)* nehmen die Farbe der Edelrose 'Gospel'® wieder auf und tragen sie weiter ins Beet.

'Dolce Vita' und 'Schöne vom See'

Apricot ist die neue Trendfarbe bei Rosen. Im Gegensatz zum Lachsrosa, bei dem nur eine Nuance Gelb zum Rosa hinzukommt, zeigen apricotfarbene Rosen das ganze Farbspektrum reifer Aprikosen. Bei der Rose 'La Villa Cotta'® sind die Orange- und Pinktöne am stärksten ausgeprägt. Gerade aufgeblüht leuchtet sie mit großer Fernwirkung und ist auch aufgrund ihrer Wuchshöhe gut für den Beethintergrund geeignet. Die Rose 'Schöne vom See'® besticht durch ihre bauschigen Blüten und ein wunderbar zartes Farbenspiel. 'Dolce Vita'® ist eine ideale Rose für den Vordergrund. Die fast kugeligen Blüten passen perfekt zum kompakten Wuchs. Aus den rötlichen Knospen entwickeln sich warmgelbe Blüten, die an den Außenblättern den Farbton der Knospen beibehalten. Verändern Rosen im Blühverlauf stark ihre Farbe oder variieren sie bereits innerhalb der einzelnen Blüte, sollten bei Ton-in-Ton-Pflanzungen alle vorkommenden Farben wieder aufgenommen werden. Um Spannung zu erzeugen, ist es reizvoll, die Farbtöne deutlich heller oder dunkler zu wählen. So blühen die Rosenpartner in diesem Beet in kräftigem Gelb, Orange, Pink und dunklem Magenta.

Die herausragende Rolle bei den Begleitern übernimmt der Fingerhut 'Illumination Pink', und das nicht nur aufgrund seines aufrechten, kandelaberartigen Wuchses. Mit der außergewöhnlichen Farbe seiner Blüten, die noch dazu einen ganzen Sommer lang erscheinen, ist er neben den Rosen der Chef im Beet. Im Frühjahr eignet sich Goldlack hervorragend, um gemeinsam mit Tulpen einen ersten Blütenhöhepunkt in die Pflanzung zu zaubern. Mit seiner Nachblüte und dem graugrünen Laub ist er auch im Sommer eine große Zierde.

Rosen

'Dolce Vita'®
orange-apricot
Höhe 50–60 cm
'La Villa Cotta'®
apricot-orange
Höhe 120 cm
'Schöne vom See'®
hellapricot-orange
Höhe 70 cm

Stauden

Crocosmia × ***crocosmiiflora*** **'Babylon'**
Montbretie
braun-orange
Digitalis **'Illumination Pink'**
Fingerhut
apricot und pink
Echinacea purpurea **'Marmalade'**
Scheinsonnenhut
orangegelb, halbgefüllt
Geum coccineum **'Cooky'**
Nelkenwurz
orange

Sommerblumen

Bidens **'Hawaiian Flare® Orange Yellow Brush'**
Funkenmarie
dunkelorange
Cosmos atrosanguineus **'Chocamocha'**
Schokoladenblume
tiefdunkelrot
Dianthus barbatus **'Dash Crimson'**
Bartnelke
dunkelmagenta
Nemesia **SUNSATIA Plus 'Kiwano'**
Elfenspiegel
gelb, orange, rotviolett
Cheiranthus **'Treasure Yellow'**
Goldlack
dunkelgelb

LINKS Die dunklen Blütenstiele und rot gestreiften Knospen der Beetrose 'Schöne vom See'® stellen die Verbindung her zu den Bartnelken und Schokoladenblumen.

RECHTS Die pink gestreiften Knospen von 'Dolce Vita'® entwickeln sich zu dicht gefüllten Blüten, deren Farbtöne vom Elfenspiegel in kräftigeren Schattierungen erwidert werden.

RECHTS UNTEN Der Fingerhut 'Illumination Pink' vermittelt zwischen den sanften Tönen der Rosenblüten und dem kräftigen Farbspiel ihrer Begleiter. Durch den kandelaberartigen Wuchs und seine lange Blütezeit ist er neben den Rosen der Chef im Beet.

'Eliza' und 'Ruby Star'

Während bei Stauden viel Züchtungsarbeit in das Erröten des Blattwerks investiert wird, wird die Rotbraunfärbung des Laubaustriebs bei Rosen nahezu vollständig ignoriert. In kaum einem Katalog findet man eine Information hierzu. Bei der Edelrose 'Eliza'® ist die Färbung der Blätter sehr stark ausgeprägt. Sie hält relativ lange an, bis das Laub im Sommer vergrünt, aber mit jedem neuen Trieb ist sie wieder präsent und verstärkt sich noch einmal im Herbst. Zu dem warmen Mahagoniton der Blätter entfaltet 'Eliza'® elegante, silbrig-rosafarbene Blüten, die von Anfang an nach innen hin heller werden und so einen ganz besonderen Glanz entwickeln. Das kühle Pink zum warmen Braun nimmt der Rose etwas von ihrem edlen Charakter, den sie aufgrund ihrer Blüte ohne Zweifel hätte. Bezieht man das Farbspiel jedoch in die Auswahl der weiteren Mitstreiter ein, fügt sich alles zu einem harmonischen Ganzen.

Idealer Begleiter von 'Eliza'® ist der Diptam, der bereits blüht, kurz bevor die Rose ihre Knospen öffnet. Die rosa gezeichneten Blüten weisen dasselbe Farbspiel von hellem bis silbrigem Pink auf. Die dekorativen rotbraunen Früchte korrespondieren mit der Farbe des Rosenlaubs. Die rubinroten Köpfchen der Sterndolde 'Ruby Star' und der Farbverlauf bei den Blüten des Purpur-Felberichs vermitteln zwischen dem Pink der Rosenblüte und dem Rotbraun ihrer Blätter.

Schlanke, weiße Blütenkerzen des panaschierten Ehrenpreises 'Charlotte' und feine, weiß gestreifte Blätter des Reitgrases 'Overdam' spiegeln den silbrigen Ton der Rosenblütenblätter wider. Frech und erfrischend ergänzt das kühle Gelbgrün des Ziertabaks 'Lime Green' das Ensemble.

Rosen

'Eliza'®

silbrigrosa

Höhe 100 cm

Stauden

***Astrantia major* 'Ruby Star'**

Sterndolde

rubinrot

Dictamnus albus

Diptam

silbrigrosa

Lysimachia atropurpurea

Purpur-Felberich

dunkelpurpurn

***Sedum* 'Karfunkelstein'**

Dunkellaubige Fetthenne

bräunlich-rosa

***Veronica longifolia* 'Charlotte'**

Hoher Ehrenpreis

weiß

Laub grün-cremefarben panaschiert

Sommerblumen

***Antirrhinum* 'Rocket Rose Shades'**

Löwenmäulchen

hellpink

***Nicotiana alata* 'Lime Green'**

Zier-Tabak

gelbgrün

Gräser

***Calamagrostis* × *acutiflora* 'Overdam'**

Weißes Reitgras

Blattfarbe

grün-weiß-gestreift

LINKS Durch die fein aufeinander abgestimmten Blütenfarben und -formen wird die Eleganz der Rose noch hervorgehoben.

RECHTS Der äußerst langlebige Diptam ziert nicht nur mit seinen prächtigen, rosa-weißen Blütenständen, sondern später auch mit den tiefroten, an Sternanis erinnernden Früchten.

RECHTS UNTEN Das silbrige Pink der Edelrose 'Eliza'® zusammen mit dem Weiß und Gelbgrün der Begleiter gibt der Pflanzung einen kühlen, erfrischenden Charakter.

'Novalis' und 'Rhapsody in Blue'

Die blaue Rose: Wohl jeder Züchter hofft, bei seinen Sämlingen das perfekte Exemplar in ebendieser Farbe zu finden. Annäherungen an sie gibt es bereits. Zahlreiche Rosen tragen die Bezeichnung »Blau« oder »Blue« im Namen. Dabei ist die Züchtung einer wirklich blauen Rose durch Kreuzung gar nicht möglich. Es fehlt das entsprechende Gen. Zwar ist heute vieles durch Manipulation machbar, aber eine blaue Rose aus dem Reagenzglas? Nein danke! Damit wäre sie entzaubert. Es ist gut, sich manchmal auch die Sehnsucht nach dem Unerreichbaren zu bewahren.

Eine der Rosen, bei denen die Farbe Blau bereits im Namen steckt, ist 'Rhapsody in Blue'. Doch der Name gibt auch einen Hinweis darauf, dass nicht alles perfekt ist; eine Rhapsodie eben, die in der Musik ja auch für etwas nicht ganz Vollkommenes steht. Denn tatsächlich blüht diese Rose purpurviolett. Erst im Verblühen ändert sie ihre Farbe allmählich in ein zartes, aber immer noch leicht rötliches Grau-Blau. Kombiniert ist sie im ersten Beispiel mit der buschig wachsenden Edelrose 'History'®. Die zwei Sorten harmonieren farblich sehr gut. *Salvia* 'Wendy's Wish' vermittelt mit ihrem matten Magentarot zwischen den beiden. Mit großer Leichtigkeit schweben die weißen Blütenteller der Strahlendolde durch das Beet.

Im zweiten Beispiel steht 'Rhapsody in Blue' zusammen mit der ebenfalls zu den blau blühenden Rosen zählenden Beetrose 'Novalis'®, deren Knospen kontrastreich in einem matten Rot erscheinen. Ideale Partner sind die rosarote Sterndolde (*Astrantia major* 'Rosensymphonie'), die dieses Rot der Knospen wieder aufnimmt, und der Hohe Ehrenpreis (*Veronica longifolia* 'Blauriesin'), dessen blaue Blüten immer auch leicht ins Violett tendieren.

Rosen

'History'®

zartpink

Höhe 70 cm

'Novalis'®

hellfliederfarben

Höhe 80–100 cm

'Rhapsody in Blue'

purpurviolett

Höhe 120 cm

Stauden

***Astrantia major* 'Rosensymphonie'**

Sterndolde

hellrosa bis rot

***Gaura lindheimeri* 'Whirling Butterflies'**

Prachtkerze

weiß

***Iris ensata* 'Diamant'**

Japanische Sumpf-Schwertlilie

weiß

***Lythrum salicaria* 'Robert'**

Blutweiderich

kräftig pink

***Salvia nemorosa* 'Amethyst'**

Steppen-Salbei

violettrosa

***Salvia nemorosa* 'Caradonna'**

Steppen-Salbei

dunkelviolett

***Salvia nemorosa* 'Sensation Rose'**

Steppen-Salbei

violett-rose

***Veronica longifolia* 'Blauriesin'**

Hoher Ehrenpreis

blauviolett

Sommerblumen

***Orlaya grandiflora* 'White Lace'**

Strahlendolde

weiß

***Salvia* 'Wendy's Wish'**

Zier-Salbei

magentapink

LINKS AUSSEN Die straff aufrecht wachsende Beetrose 'Rhapsody in Blue' gilt als derzeit ‚blaueste' Rose.

LINKS Hier steht sie zusammen mit der Beetrose 'Novalis'® in einer ungewöhnlichen Kombination mit *Iris ensata*.

LINKS UNTEN Zwischen dem Struktur gebenden Laub der Iris und den aufstrebenden Kerzen des Hohen Ehrenpreises tanzen die Blüten der Sterndolde und stellen die Verbindung zu den Rosen her.

RECHTS Die roten Knospen von 'Novalis'® sind ein schöner Kontrast zur hellen Fliederfarbe der Blüten.

RECHTS UNTEN Die hellen Magentatöne des Steppen-Salbeis 'Sensation Rose' und des Zier-Salbeis 'Wendy's Wish' passen gut zu der Knospenfarbe von 'Novalis'®.

'Graf Brühl' und 'Roter Drache'

Rote Rosen im Garten sind ein wenig aus der Mode gekommen. Verständlich, denn der Farbenvielfalt im Sortiment sind – einmal abgesehen von den reinen Blautönen – keine Grenzen gesetzt. Selbst gestreifte Rosen erfreuen sich zunehmender Beliebtheit. Alles will ausprobiert sein.

Und doch lohnt es sich, auch die roten Rosen wieder zurück ins Beet zu holen. Aber natürlich nicht wie in früheren Zeiten einsam nur mit sich selbst kombiniert. So wirken sie aufdringlich, laut und schwer. Sie brauchen Gesellschaft und das in der richtigen Dosis, Partnerpflanzen, die die Schönheit von Rot hervorheben. In diesem Beet gesellen sich zu den samtroten Rosen 'Graf Brühl'® und 'Roter Drache'® zwei typische Vertreter neuerer Züchtungen. Die Blüten von 'Boscobel' und 'Marie Ann'® beginnen als rote Knospen und öffnen sich dann in Lachs- und Apricottönen, die umgeben sind von einem Kranz pinkfarbener Blütenblätter. Dabei ist die Färbung bei der niedrigeren 'Marie Ann'® deutlich kräftiger. Diese äußerst reizvolle Kombination mag ausgefallen sein, ist gleichwohl angenehm erfrischend. Zwischen den Rosen tanzen die mattweißen Blütenköpfchen der Sterndolde *(Astrantia major* 'Snow Star') auf langen Stielen. Die hoch aufragenden Kerzen des Fingerhuts *(Digitalis purpurea* 'Apricot') bringen ihrerseits Leichtigkeit ins Beet. Dazu nehmen sie exakt die Blütenfarbe der Rose 'Boscobel' wieder auf und verbinden so die gesamte Pflanzung zu einer Einheit.

Fingerhüte sind zweijährig. Viele Gartenbesitzer schreckt daher die Verwendung solch kurzlebiger Pflanzen ab. Dabei säen sie sich gut wieder aus, vorausgesetzt, man lässt den Samen Zeit zu reifen. Bis zum Herbst bilden sich wintergrüne Laubrosetten. Sollten die Standorte zu dicht sein, kann man noch korrigierend eingreifen.

Rosen

'Boscobel'
lachsrosa, pink
Höhe 80–100 cm
'Graf Brühl'®
samtrot
Höhe 40–60 cm
'Marie Ann'®
orange, apricot, pink
Höhe 80 cm
'Roter Drache'®
samtrot
Höhe 80 cm

Stauden

Astrantia major **'Snow Star'**
Sterndolde
mattweiß
Digitalis purpurea **'Apricot'**
Fingerhut
apricot, pink

Sommerblumen

Antirrhinum **'Chantilly Light Salmon'**
Löwenmäulchen
apricot
Salvia coccinea **'Coral Nymph'**
Scharlach-Salbei
lachs, weiß

LINKS Vertikale Elemente wie der zweijährige Fingerhut *(Digitalis purpurea* 'Apricot') geben der Pflanzung Tiefe.

RECHTS Beete, die ausschließlich mit roten Rosen bepflanzt sind, wirken schwer. Durch die mattweißen Blüten der Sterndolde erhält die Pflanzung eine wohltuende Leichtigkeit.

RECHTS UNTEN Nicht zuletzt ist es der ungewöhnlichen, leuchtenden Blütenfarbe der Beetrose 'Marie Ann'® zu verdanken, dass diese Pflanzung so fröhlich und kraftvoll wirkt.

'Acropolis' und 'Benjamin Britten'

Die Beetrose 'Acropolis'® ist eine Rose mit ungewöhnlichem Farbenspiel. Aus einer fast schon verwaschen wirkenden altrosafarbenen Knospe entwickelt sich die Blüte über viele Übergänge hin zu einem hellen Beige, bei dem manchmal auch ein leichter Hauch von Grün zu erkennen ist. Wirklich einzigartig. Doch welches Farbstadium soll man bei der Auswahl ihrer Begleiter aufnehmen oder kontrastieren, damit statt eines beziehungslosen Nebeneinanders ein fein abgestimmtes Miteinander entsteht?

Als Rose kommt die kräftige Strauchrose 'Benjamin Britten'™ in Betracht. Die anfangs rosigroten Blüten sind sehr ähnlich in der Form und wie bei 'Acropolis'® außen silbrigrosa getönt. Ein geradezu exzellenter Staudenpartner für 'Acropolis'® ist der Scheinsonnenhut *(Echinacea* 'Strawberry Shortcake'). Bei dieser neuen, halbgefüllt blühenden Züchtung läuft die Farbentwicklung in genau umgekehrter Reihenfolge ab. Zuerst überwiegt das Cremebeige. Erst nach und nach hebt sich die gefüllte Mitte und entwickelt sich zu fünf Zentimeter hohen altrosa-bräunlichen, dicken Köpfchen. Manchmal gibt es solche Pflanzen, bei denen man den Eindruck hat, ein Maler hätte sie beide mit dem demselben Pinsel bemalt.

Potentilla 'Miss Willmott' durchzieht das Beet mit kleinen zartrosa Blüten, *Seseli* schwebt tanzend und verbindet mit seiner Transparenz, während der mattrote Bartfaden 'Red Ruby' die Pflanzung erdet. Wer es etwas frecher mag, kann noch *Salvia* 'Royal Bumble' einstreuen. Die kleinen, leuchtend roten Blütentupfen verstärken den Rotcharakter des Beets, ohne aufdringlich zu werden. Ein paar wenige dunkellaubige *Lobelia* 'Queen Victoria' erden und verbinden zugleich.

Rosen

‘Acropolis’®

altrosa, beige

Höhe 60 cm

‘Benjamin Britten’™

rosigrosa, silbrig

Höhe 120 cm

Stauden

***Echinacea* ‘Strawberry Shortcake’**

Scheinsonnenhut

cremeweiß bis altrosa

***Potentilla nepalensis* ‘Miss Willmott’**

Fingerkraut

rosa mit rotem Auge

Seseli montanum

Bergfenchel

weiß

Sommerblumen

***Lobelia fulgens* ‘Queen Victoria’**

Lobelie

rot, dunkles Laub

***Penstemon* ‘Rich Ruby’**

Bartfaden

matt dunkelrot

***Salvia greggii* ‘Royal Bumble’**

Herbst-Salbei

rot

LINKS Die Rose 'Acropolis'® harmoniert gut mit der kräftiger getönten 'Benjamin Britten'™. Beide haben kugelförmige Blüten, die außen silbrig getönt sind.

LINKS UNTEN Das filigrane Geäst des Bergfenchels, das sich wie ein Schleier zwischen die Rosen legt, und das matte Dunkelrot des Bartfadens verbinden die Rosen miteinander.

RECHTS Das Farbspiel der Rose 'Acropolis'® ist schwer zu beschreiben. Die möglichen Farbschattierungen reichen von alt-rosa-rot, weißlich, bräunlich, beige bis grün.

RECHTS UNTEN Ein ganz ähnliches Farbspiel, jedoch in umgekehrter Reihenfolge, beobachtet man beim Scheinsonnenhut 'Strawberry Shortcake'. Bei der jungen Blüte überwiegen Creme und Grün mit einem leichten Hauch von Altrosa. Je weiter sich die Blütenmitte entwickelt, umso kräftiger wird die Rosafärbung.

'Charles Darwin' und 'Carte d'Or'

Meist verbindet man mit gelben Blüten den warmen, sonnigen Ton der Sommerstauden. Gelb kann aber auch sehr erfrischend sein, so wie in dieser Kombination. Am kräftigsten leuchtet hier die zitronengelbe Beetrose 'Carte d'Or'®. Die höher werdende Strauchrose 'Charles Darwin'™ besticht nicht nur durch ihre schöne Blütenform, sondern auch durch ihr Farbenspiel. Die dicht gefüllten Schalen verblassen im späteren Verlauf von einem satten Senfgelb zu hellem Creme. Abhängig von der Witterung variiert der Duft zwischen einer leichten Teenote und fast reinem Zitronenduft. Wie passend für dieses Beet.

Die Rosenbegleiter sind so gewählt, dass sie den kühlen Charakter der Pflanzung noch betonen. Die Akelei 'Yellow Queen' nimmt das zitronige Gelb der 'Carte d'Or'® wieder auf. Von Juni bis August lässt sie ihre langspornigen Blüten tanzen. Löwenmäulchen gehören zu den nahezu unverzichtbaren Blütenakteuren des Sommers. Bis in den Herbst hinein gliedern die aufrechten Kerzen das Beet. Neben der weißgelben Sorte 'Rocket Lemon' bringt die von Orange bis Pink changierende 'Rocket Bronze' etwas Wärme ins Beet. Sie ist eine wohltuende Ergänzung, die die Spannung aufrechterhält und perfekt ins Gesamtbild passt, da sie genau den Farbton der Rosenknospen aufnimmt.

Einzigartig ist die Sommeraster *(Callistephus chinensis* 'Hulk'). Ihre großen, von grünen Strahlen umgebenen Blüten blicken wie Mondscheiben in einem fahlen Cremegelb mit dunkler werdender gelber Mitte direkt in den Himmel. Die Pfirsichblättrige Glockenblume *(Campanula persicifolia* 'Grandiflora Coerulea') bringt mit ihren zartvioletten Blüten farbliche Abwechslung in die Pflanzung. Sie ist kurzlebig und vagabundiert gern an verschiedenen Plätzen durch das Beet.

Rosen

'Carte d'Or'®

leuchtend zitronengelb

Höhe 60–80 cm

'Charles Darwin'™

senfgelb, aufhellend

Höhe 120 cm

Stauden

***Aquilegia chrysantha* 'Yellow Queen'**

Langspornige Akelei

gelb

***Campanula persicifolia* 'Grandiflora Coerulea'**

Pfirsichblättrige Glockenblume

hellviolettblau

***Campanula takesimana* 'Alba'**

Korea-Glockenblume

weiß

Sommerblumen

***Antirrhinum majus* 'Lemon'**

Löwenmäulchen

weißgelb

***Antirrhinum majus* 'Rocket Bronze'**

Löwenmäulchen

dunkelapricot

bis pink-orange

***Callistephus chinensis* 'Hulk'**

Sommeraster

creme bis gelb

LINKS AUSSEN Die Farbe des Löwenmäulchens 'Lemon', der Sommeraster Hulk und der Rose 'Benjamin Britten'™ erinnert an fahles Mondlicht.

LINKS Die großen, flachen Blüten der Sommeraster *(Callistephus* 'Hulk') sind in ihrer Form einzigartig.

LINKS UNTEN Das zarte Violett der Glockenblume passt gut zum kühlen, zitronigen Gelb der Beetrose 'Carte d'Or'®.

RECHTS UND UNTEN Die Blüten von 'Charles Darwin'™ sind dicht gefüllt und groß. Besonders reizvoll sind die orangeroten Knospen, die als kleine Farbtupfer fröhlich durchs Beet schweben.

'Lady of Shalott' und 'Jazz'

Kaum eine andere Farbkombination entwickelt mehr Leuchtkraft als das Zusammenspiel von Gelborange und Pink. Diese Verbindung erinnert an das Lodern von Feuer. Sie ist fröhlich und anregend zugleich. Dabei wurde sie lange Zeit als unharmonisch empfunden, da sie warme und kalte Töne vereint.

Ein herausragender Vertreter dieser neu in Mode gekommenen Mischung ist die Beetrose 'Gartenspaß'®. Aus orangeroten Knospen entfalten sich Blüten, bei denen jedes einzelne gelbe Blättchen von einem breiten, pinkfarbenen Rand gesäumt wird. Ein absoluter Hingucker. Dezenter ist das Farbenspiel der Englischen Rose 'Lady of Shalott', deren kelchartige Blüten in verschiedenen Kupfertönen changieren. Bei der Kleinstrauchrose 'Jazz'® sind es die äußeren Blütenblätter, die sich zu einem kräftigen Pink entwickeln, während die offenen, nur leicht gefüllten Blütenschalen in Gelb-Orange-Tönen erstrahlen.

Begleiter, die exakt dieselbe Tönung aufweisen, wie der Fingerhut 'Illumination Pink', der Scheinsonnenhut 'Sunset' oder das Löwenmäulchen 'Rocket Bronze' vermitteln zwischen den Rosen und verstärken den feurigen Charakter der Pflanzung. Wohltuend in diesem Rausch der Farben sind Stauden und Sommerblumen mit dunkelvioletten Blüten. Sie setzen Akzente und bringen Rhythmus ins Beet. Der hohe Salbei 'Amistad' mit leuchtend blauvioletten Blüten und fast schwarzen Kelchen bildet kleine Büsche, die gut in den Hintergrund des Beetes passen.

Die schlanken Blütenstände des Steppen-Salbeis 'Caradonna' stehen locker genug, um den Blick auf die Rosen nicht zu verstellen. Leicht und luftig schweben dazwischen die kleinen Blütendolden des Patagonischen Eisenkrauts.

Rosen

'Gartenspaß'®
gelb mit rotem Rand
Höhe 80 cm
'Jazz'®
kupferorange bis pfirsichgelb
im Verblühen rosa
Höhe 60–70 cm
'Lady of Shalott'
orangerot, goldgelb bis lachs
Höhe 100 cm

Stauden

***Digitalis* 'Illumination Pink'**
Fingerhut
apricot und pink
***Echinacea purpurea* 'Sunset'**
Scheinsonnenhut
dunkellachsrosa
***Potentilla nepalensis* 'Miss Willmot'**
Fingerkraut
rosa mit roter Mitte
***Potentilla × cultorum* 'William Rollison'**
Fingerkraut
orange mit Gelb
***Salvia nemorosa* 'Caradonna'**
Steppen-Salbei
dunkelviolett

Sommerblumen

***Antirrhinum* 'Rocket Bronze'**
Löwenmäulchen
dunkel apricot
bis pink orange
***Antirrhinum* 'Rocket Rose Shades'**
Löwenmäulchen
hellpink
***Salvia* 'Amistad'**
Salbei
leuchtend blauviolett
mit schwarzvioletten Kelchen
Verbena bonariensis
Patagonisches Eisenkraut
blauviolett

LINKS AUSSEN Die violetten Blütenköpfchen des Eisenkrauts tanzen zwischen den lodernden Kerzen des Löwenmäulchens.

LINKS Mit seinen leuchtend blauvioletten Blüten und den fast schwarzen Kelchen ist der hohe Salbei 'Amistadt' ein Ruhepol in dieser feurigen Pflanzung.

LINKS UNTEN Das Zusammenspiel der Farbtöne verändert sich bei der Kleinstrauchrose 'Jazz'® im Blühverlauf von Kupfer-orange über Pfirsichgelb bis Pink.

RECHTS Die Blüten von 'Gartenspaß'® und dem Löwenmäulchen weisen beiden dieselbe ungewöhnliche Farbmischung auf.

RECHTS UNTEN Während das Innere der Fingerhutblüten mit dem Farbton der Strauchrose 'Lady of Shalott' korrespondiert, nimmt die Außenseite die Pinktöne der Beetrose 'Gartenspaß'® auf.

'Apache' und 'Forest Fire'

Nachdem über Jahrzehnte die ganze Aufmerksamkeit den gefüllten Rosen gegolten hat, kommen seit einigen Jahren immer mehr Züchtungen mit einfachen oder nur leicht gefüllten Blüten auf den Markt. Diese Rosen haben den natürlichen Charme der Wildrosen, gleichzeitig aber den großen Vorteil, öfter im Jahr zu blühen. Zu ihnen gehört die Kleinstrauchrose 'Apache'®. Ihre großen, samtroten Einzelblüten formen sich zu offenen Schalen, die ihre Farbe über eine lange Zeit stabil halten. Passend zu ihrem natürlichen Charakter ist sie von kleinblütigen Begleitern umgeben, die allesamt einen lockeren Wuchs aufweisen. Partner mit schlanken, aufrechten Blütenständen wie das Löwenmäulchen oder Pflanzen mit kleinen Köpfchen auf langen Stielen wie Nelkenwurz oder Samt-Skabiose sind dabei transparent genug, um auch die tiefer im Beet platzierten Rosen noch gut erleben zu können.

Farblich spielt das Beet mit starken Kontrasten. Dunkles Rot und klares Weiß sind zwei Farben, die ganz für sich alleine stehen, ohne eine verbindende Gemeinsamkeit. Großflächig verwendet, würden sie nur als konkurrierendes Nebeneinander, nie als Miteinander empfunden werden. In diesem Beet jedoch verwebt sich alles zu einem stimmigen Bild. Das Purpurrosa des Scheinsonnenhuts, die rötlich überhauchten Knospen der Prachtkerze und das Schwarzrot der Samt-Skabiose tragen ebenso dazu bei.

Am Rand desselben Beetes steht im Rosarium in Ippenburg die 'Rose von Oldenburg'®. Besonders bemerkenswert ist bei dieser der Laubaustrieb. Kaum eine andere Rose hat ein so glänzendes, leuchtend dunkelrotes Blatt. So zieht sie bereits im Frühjahr die ganze Aufmerksamkeit auf sich.

Rosen

'Apache'®
dunkelrot
Höhe 80 cm

'Rose von Oldenburg'®
leuchtend rot
Höhe 50–60 cm

Stauden

***Echinacea purpurea* 'Augustkönigin'**
Scheinsonnenhut
purpurrosa

***Gaura lindheimeri* 'Geyser White'**
Prachtkerze
weiß

***Geum × cultorum* 'Red Wings'**
Nelkenwurz
scharlachrot

Sommerblumen

***Antirrhinum* 'Rocket White'**
Löwenmäulchen
weiß

***Penstemon* 'Rich Ruby'**
Bartfaden
matt dunkelrot

***Salvia coccinea* 'Forest Fire'**
Scharlach-Salbei
scharlachrot

***Scabiosa atropurpurea* 'Black Knight'**
Samt-Skabiose
schwarzrot

LINKS 'Apache'® ist eine reichblühende Kleinstrauchrose mit großen, einfachen, sehr farbstabilen Blütenschalen.

RECHTS Die 'Rose von Oldenburg'® besticht nicht nur im Frühjahr durch ihr glänzendes, dunkelrotes Laub. Auch im Sommer bieten die neuen Triebe einen schönen Kontrast zum hellen Rot der Blüten.

RECHTS UNTEN Zu den einfach blühenden Rosen gesellen sich Partner mit lockerem Wuchs wie Nelkenwurz und Skabiose, die sich wie in einer Wiese zu einem natürlichen Gesamtbild verweben.

'Sister Elisabeth' und 'Fatal Attraction'

Auch wenn es sich bei diesen Rosen um Neuzüchtungen handelt, erinnern sie doch stark an die dicht gefüllten, historischen Sorten aus dem Orient. Zu dem Charme dieser Alten Rosen gehört ihr wunderbarer Duft, den auch alle hier verwendeten Rosen verströmen.

Mit ihrem kompakten, rundlichen Wuchs ist 'Sister Elizabeth' bestens geeignet, um im Vordergrund zu stehen. Das zarte Rosa nimmt im Verblühen einen leichten Lavendelton an. Noch niedriger bleibt die Beetrose 'Heidi Klum'®. Die Knospen öffnen sich zu kugelförmigen, später flachen, prall gefüllten, violetten Blüten mit einer bestechend gleichmäßigen Anordnung der Blütenblätter. Zusammen mit der karmesinrot blühenden Strauchrose 'Darcey Bussell' und 'Young Lycidas', deren magentarote Blüten nach außen hin deutlich heller werden, ergibt sich ein harmonisch aufeinander abgestimmtes Farbenspiel.

Zusammengehalten wird die Pflanzung vom dunkellaubigen Fingerhut-Bartfaden 'Dark Towers'. Sein Laub und die Stängel sind tief schwarz-violett getönt. Darüber erheben sich lockere Rispen mit zahlreichen, kleinen, zartlilafarbenen Blüten, die sich luftig zwischen den Rosen bewegen. Durch die Violettschattierungen in allen Pflanzenteilen ist der Fingerhut-Bartfaden ein perfekter Partner der Rosen in diesem Beet. Solche Gemeinsamkeiten machen den Unterschied aus zwischen einer beliebigen Pflanzenzusammenstellung und einer stimmigen Gesamtkomposition.

Die leuchtend blauvioletten Blütenkerzen des Bartfadens 'Riding Hood Purple' und die aufstrebenden Blütenstände des Purpur-Felberichs verleihen den üppig gefüllten Rosen Leichtigkeit. Die grünlich weißen Blüten der Sterndolde 'Princesse Sturdza'® schließlich durchziehen die Pflanzung wie kleine Lichtpunkte.

Rosen

'Darcey Bussell'
karmesinrot
Höhe 100 cm

'Heidi Klum Rose'®
violett
Höhe 40–50 cm

'Sister Elizabeth'
kräftig rosa, lavendelfarben
Höhe 80 cm

'Young Lycidas'
magenta pink, helllila
Höhe 120 cm

Stauden

***Astrantia major* 'Princesse Sturdza'®**
Weiße Sterndolde
silbrigweiß mit Grün

***Echinacea purpurea* 'Fatal Attraction'®**
Scheinsonnenhut
dunkelpurpurrosa

Lysimachia atropurpurea
Purpur-Felberich
dunkelpurpurn

***Monarda fistulosa* 'Blaustrumpf'**
Indianernessel
blauviolett

***Penstemon digitalis* 'Dark Towers'**
Fingerhut-Bartfaden
violett mit heller Spitze
Laub tiefschwarzrot

***Penstemon* 'Riding Hood Purple'**
Bartfaden
dunkelblauviolett

Sommerblumen

***Scabiosa columbaria* 'Barocca'**
Tauben-Skabiose
burgunderrot

Verbena bonariensis
Patagonisches Eisenkraut
blauviolett

LINKS Die vertikalen Blütenstände von Purpur-Felberich und Bartfaden 'Riding Hood Purple' umspielen die prall gefüllten Blüten der Strauchrose 'Young Lycidas'®.

RECHTS 'Heidi Klum Rose'® ist eine niedrige Beetrose mit flachen, wohlgeformten Blüten. Hier steht sie zusammen mit dem dunklen Strauch-Basilikum 'Magic Blue'.

RECHTS UNTEN Das dunkle Laub des Fingerhut-Bartfadens passt gut zur orientalischen Schwere der Rosenblüten von 'Sister Elisabeth' und 'Darcey Bussell'.

'Marie Jeanne' und 'Mme. Boll'

Anders als die vorher gezeigten Beispiele stammen diese Bilder nicht aus dem Rosarium 2000 + von Schloss Ippenburg. Sie zeigen den Beitrag »Rosen-Blüten-Fülle«, der anlässlich der Umgestaltungen zur Landesgartenschau 2010 vom Standort vis-à-vis des Schlosses ins dortige Heckenkabinett umzog. Während im Rosarium nur die neu eingeführten Züchtungen ab 2001 gezeigt werden, widmet sich dieser Beitrag überwiegend den Alten Rosen.

Abweichend von der meist romantischen Verwendung historischer Rosen, bei der verschwenderische Blütenfülle und verträumte Stimmungsbilder im Vordergrund stehen, wurden den Rosen hier mit dem dunkellaubigen Fenchel, dem Bronze-Felberich und der schwarzrot blühenden Bartnelke 'Sooty' sehr ungewöhnliche Begleiter zur Seite gestellt. Es entsteht ein starker Hell-Dunkel-Kontrast, der nicht nur optisch Spannung erzeugt, sondern auch den Ausdruck des Beetes verändert. Während die sanften Weiß- und Rosatöne leicht und heiter erscheinen, wirken die dunklen Farben schwer und etwas unheimlich. So wird die Pflanzung geerdet und wirkt gleichzeitig geheimnisvoll.

Im Gegensatz zu den weitverbreiteten Pflanzungen nur einer Art erschließt sich hier nicht alles auf den ersten Blick. Im üppigen Miteinander muss man sich Zeit nehmen, um auch die verborgenen Details zu entdecken.

Ganz ohne pflegerische Aufmerksamkeit kommt dieses Beet allerdings nicht aus. Der kurzlebige Fenchel sucht sich gerne über Aussaat neue Plätze und der Bronze-Felberich hat mit seinen Wurzeln ein durchaus Raum einnehmendes Wesen. Im Garten ist daher ein aufmerksames Auge vonnöten, um das Gleichgewicht im Beet zu erhalten.

Rosen

'Marie Jeanne'
zartrosa bis weiß, öfterblühend
Höhe 120 cm

'Mme. Boll'
leuchtend rosa, öfterblühend
Höhe 120 cm

'Raubritter'
hell purpurrosa
Höhe 100,
Breite 200

'Tuscany Superb'
dunkelrot bis violett
Höhe 150 cm

***Rosa officinalis* 'Versicolor'**
zart blassrosa
hellkarmesinrot gestreift
Höhe 120 cm

Stauden

***Foeniculum vulgare* 'Atropurpureum'**
Dunkler Fenchel
blassgelb

***Geranium × magnificum* 'Rosemoor'**
Pracht-Storchschnabel
blauviolett

Geranium psilostemon
Armenischer Storchschnabel
magenta mit schwarzem Auge

***Lysimachia ciliata* 'Firecracker'**
Bronze-Felberich
hellgelb

***Salvia nemorosa* 'Amethyst'**
Steppen-Salbei
violettrosa

***Salvia nemorosa* 'Caradonna'**
Steppen-Salbei
dunkelviolett

Sommerblumen

***Dianthus barbatus* 'Sooty'**
Bart-Nelke
schwarzrot

LINKS AUSSEN Eine harmonische Zusammenstellung: 'Tuscany Superb' begleitet von Storchschnabelarten und Bartnelke.

LINKS Die schlanken Blütenkerzen des Steppen-Salbeis und das Laub des Bronze-Felberichs heben sich gut von den dunklen Blütenbällen der Bartnelke ab.

LINKS UNTEN Die hellen, zarten Blüten der Rosen werden umrahmt von Bartnelken, dunkelblättrigem Bronze-Felberich und dem filigranen Laub des Dunklen Fenchels.

RECHTS Die Blüten von 'Marie Jeanne', 'Raubritter' und der Bartnelke 'Sooty' wachsen munter durcheinander.

RECHTS UNTEN Die winzigen gelben Blüten des Bronze-Felberichs treten nicht in Massen auf, sondern als viele kleine Sternchen, die als fröhliche Lichtpunkte durchs Beet wandern.

»Man kennt nur die Dinge, die man zähmt.«

»Der Fuchs verstummte und schaute den Prinzen lange an: ›Bitte ... zähme mich!‹ sagte er.
›Ich möchte wohl‹, antwortete der kleine Prinz, ›aber ich habe nicht viel Zeit. Ich muss Freunde finden und viele Dinge kennenlernen.‹
›Man kennt nur die Dinge, die man zähmt‹, sagte der Fuchs. ›Die Menschen haben keine Zeit mehr, irgendetwas kennenzulernen. Sie kaufen sich alles fertig in den Geschäften.‹«

Antoine de Saint-Exupéry »Der kleine Prinz«

Schon in der Knospe liegt die Schönheit der Blüte verborgen

Und wieder geht es um das Anschauen. Die Perser, die vor Jahrtausenden die ersten Rosen von den Berghängen in ihren Garten geholt hatten, machten sich ihre Rosen durch tägliches, stündliches Anschauen und durch das Einatmen ihres Duftes zu eigen. Von Zähmung kann in diesem Zusammenhang tatsächlich gesprochen werden, denn die wild wachsenden Rosen verströmten zwar einen kostbaren Duft und hatten zarte, wunderschöne Blüten, waren aber in Wuchs und Habitus wahrscheinlich eher ungebärdig und wenig gartentauglich. Außerdem liegt es in der Natur des Menschen, die Schönheit einer Pflanze als Versprechen für noch mehr Schönheit zu sehen. Darum züchtet er. Bis zum Beginn des 19. Jahrhunderts geschah dies durch natürliche Kreuzung, Mutation und Selektion. Das Anschauen der Rose war dabei der entscheidende Faktor. Nur durch die genaue Beobachtung gelang es, die gewünschten und unerwünschten Merkmale zu erkennen.

»Die Menschen haben keine Zeit mehr, irgendetwas kennenzulernen. Sie kaufen sich alles fertig in den Geschäften.« Wie hellsichtig. Das Buch »Der kleine Prinz« erschien 1943 in New York, wo sich Antoine de Saint-Exupéry im Exil auf-

LINKS Der leuchtend rötliche Laubaustrieb von 'Piano'® zeigt, dass Rosen auch schon vor der Blüte ein Blickfang im Beet sein können.

OBEN Das rote Laub der Rose 'Schloß Ippenburg'® und die Blütenstände der *Lobelia tupa* heben sich gut vom weißen Phlox im Hintergrund ab.

hielt. Wer damals erzählt hätte, dass man blühende Rosen und Prachtstauden, Sommerblumen, Küchenkräuter, Tomatenpflanzen mit reifen Tomaten, Erdbeeren, Obstbäume und -sträucher mit leuchtenden Früchten in großen Containern kaufen könnte, den hätte man für verrückt erklärt. Heute gehört dies zur Normalität des Alltags. Am Ausgang des Supermarkts, gegenüber des Grillzubehörs, stehen die Pflanzen; verlockend, verführerisch, prêt à porter und prêt à manger. Warum sollte man sich der Mühe unterziehen, ein Samenkorn in der Erde zu versenken oder eine Rose wurzelnackt zu kaufen? Es gibt nur einen Grund: den der Sparsamkeit. Denn Saatgut und wurzelnackte Ware sind weitaus günstiger. »They don't garden, they grow stuff«, sagte Anna Ball, Präsidentin der US-amerikanischen Ball Horticultural Company, einem der weltweit führenden Unternehmen in allen Facetten der Blumenzucht, schon 2012 in einem Vortrag über grüne Trends und traf damit genau den Punkt. Es wird gekauft, was gefällt, was duftet oder was schmeckt. Das Geschäft mit den blühenden und fruchttragenden Containerpflanzen boomt. Die heutige Gesellschaft gärtnert nicht mehr im klassischen Sinne. Gärtnern hat mit Arbeit zu tun. Mit Arbeit, die vor dem Lohn, also vor der Blüte und der Frucht,

steht. Dazu fehlen den meisten Menschen sowohl das Wissen als auch die Zeit. Das ist Fakt. Und es betrifft nicht nur die jüngere Generation. Es betrifft alle, die der Verführung dieser blühenden Containerpracht nicht widerstehen können und es auch gar nicht wollen. Alle, die einen schönen Garten haben möchten, denen aber die Zeit fehlt, ihn allmählich heranwachsen zu sehen, weil sie »Freunde finden und viele Dinge kennenlernen« wollen, wie der kleine Prinz. Diese Tatsache zu bedauern und den angeblich guten alten Zeiten nachzuweinen ist sinnlos. So gut waren sie nämlich gar nicht. Der Prozentsatz derer, die heute Pflanzen kaufen und ihre Freude daran haben, ist schließlich so hoch wie nie zuvor. Durch Gartenmagazine und andere Medien und durch das großartige Angebot ist der Zugang zu allem, was mit Garten zu tun hat, viel leichter geworden. Saint-Exupérys Weltsicht ist eine pessimistische, die 1943 hellsichtig war, inzwischen aber zum Glück durch die Wirklichkeit überwunden ist. Wer will bestreiten, dass junge Menschen, die mit ihren Familien im eigenen Grün oder auch auf dem Balkon oder der Terrasse gärtnern, nicht beginnen, ihren »stuff« zu lieben, ihn genauer anzuschauen und zu überlegen, was ihre Staude, ihr Apfelbaum oder ihre Rose braucht, damit er/sie gut gedeiht? Wer möchte ausschließen, dass sie sich um ihre Rose kümmern, sich im Frühjahr über den neuen Austrieb freuen, die Knospen einzeln zählen und das Aufblühen ungeduldig erwarten, wie der kleine Prinz bei seiner Rose? Und es gibt vieles zu entdecken im Laufe eines Rosenjahres. Ein Garten ist nie gleich, er verändert sich von Tag zu Tag, ein stetiger Wechsel von Werden und Vergehen. Durchstrahlt von

LINKS Das Rosenjahr beginnt bereits mit dem Laubaustrieb. Bei 'Maxima Romantica'® leuchten die jungen Blätter im Gegenlicht in Orangerotschattierungen, während sie im Schatten violett erscheinen.

OBEN Was für ein zauberhaftes Lichtspiel: Die Knospen der cremegelb blühenden Beetrose 'Lady Romantica'® sind noch ganz mit Tau bereift und glitzern kostbar im frühen Sonnenschein.

Sonne, erscheint er anders als im gleichmäßigen Licht unter einer Wolkendecke. Was sich morgens noch als Rosenknospe zeigt, ist am Abend vielleicht schon eine bienenumschwirrte Blüte. Ganz unterschiedlich zeigt sich das sogenannte erste Grün, denn häufig ist es bei den Rosen orange überhaucht, dunkelrot umrandet, kupfrig-oliv oder leuchtend mahagonirot. Oft zeigt sich das Laub im Herbst erneut in kräftigen Braunrottönen. Vielfach sind auch nur die Blattunterseiten rot oder dunkel violett gefärbt. Bei Sonnenlicht leuchten sie plötzlich in einem feurigen Orange.

So unterschiedlich und schier unbegrenzt die Laub- und Blütenvielfalt der einzelnen Rosensorten ist, so abwechslungsreich ist auch die Formenvielfalt der Knospen. Da gibt es die gestielten, grünen Zwiebelhauben der Beetrose 'Rosenfaszination'®, die sich kaum vom gleichfarbigen Laub abheben, oder die rot überlaufenen, an der Spitze gezwirbelten Knospen der halbgefüllten 'Eyeconic'®. Im Gegenlicht wirken manche Sorten, als ob kleine Flammen an ihren Spitzen flackern. Andere recken

GANZ LINKS OBEN Die Knospen der zartapricotfarbenen Strauchrose 'The Lark Ascending' erinnern an tanzende Kobolde mit lustig gefiederten Mützchen.

GANZ LINKS UNTEN Die Kelchblätter der kleinblütigen Kletterrose 'Warm Welcome'® sind passend zum Laubaustrieb dunkelrot gefärbt. Die Sorte ist zwar nicht so starkwüchsig wie andere Kletterrosen, dafür blüht sie überreich und ausdauernd.

LINKS OBEN Die Knospen der Strauchrose 'Souvenir de Louis Lens'® erinnern an brennende Kerzen auf einem vielarmigen Leuchter. Wie kleine Flämmchen funkeln die Spitzen der Kelchblätter im Gegenlicht.

LINKS UNTEN Die zwiebelförmigen Knospen der zartrosa 'Mariatheresia'® lassen schon erahnen, dass ihre Blüten dicht gefüllt sind. Fantastisch, das Zusammenspiel der leuchtend roten Blütenstiele mit den gleichfarbig überhauchten, in einer roten Spitze endenden Knospen und den ebenfalls rot geränderten Blättern!

OBEN Wie eine Krone umkränzen die Kelchblätter der Edelrose 'Gräfin Diana'® die dunkelroten Blütenknospen und unterstreichen das königliche Image der Rosen.

lange Schnäbel in die Luft. Die Knospen der Austinrose 'The Lark Ascending' tanzen wie kleine Kobolde mit lustigen Federmützchen über dem Laub, die von 'Sommersonne' oder 'Sunny Sky' erinnern an Miniatur-Tipis, deren über die Zeltplane hinausragende Stangen mit Federn geschmückt sind. Die Verpackung verrät jedoch noch nichts über den Inhalt. So sind die Knospen und anfangs auch das Laub der Edelrose 'Fragonard'® in einem auffallend dunklen Braunrot getönt, die Blüten entfalten sich dagegen in einem hellen Pink.

Und auch die Schönheit und Vielfalt der Hagebutten wird nur entdecken, wer genau hinschaut. Die Hagebutten sind aus Sicht der Rose der Lohn der ganzen Anstrengung. Um sie zu bilden, produziert sie die Blüten. Durch sie werden in der Natur die Nachkommen gesichert. Man sollte am Ende der zweiten Blüte einfach mal die Rose sich selbst überlassen und nicht gleich alles ausputzen. Dann wird man vielleicht im Herbst und besonders im Winter mit der Schönheit der Rosenfrüchte belohnt. Es ist schön, dass man sich »heute alles fertig in den Geschäften« kaufen kann. Auf diese Weise gelangen die Rosen in unsere Gärten und ziehen uns in ihren Bann. Und bei Lichte betrachtet, ist es dann doch eher die Rose, die ihren Besitzer zähmt. So, wie es der kleine Prinz im Laufe seiner Reise feststellt: »Es gibt eine Blume ... ich glaube, sie hat mich gezähmt ...«

OBEN Die gelbe Knospe der Rose 'Eyeconic'® verrät noch nichts vom Farbspiel der geöffneten Blüte. Die ungewöhnliche, rot gefärbte Mitte weist auf die Verwandtschaft mit *Rosa persica* hin.

RECHTS Der gleichmäßig gefärbte Laubaustrieb von 'Fragonard'® fasziniert. Selbst zur Rosenblüte bleiben die Blätter deutlich dunkler als bei anderen Sorten und bieten einen kontrastreichen Hintergrund für das helle Pink der Blüten.

RECHTS AUSSEN Von der Evolution wurden die Stacheln als Schutz vor Fressfeinden entwickelt. Würden sie nicht die Arbeit im Rosenbeet erschweren, könnte man sich durchaus an ihrem Reiz im Gegenlicht erfreuen.

»Ich muß wohl zwei oder drei Raupen aushalten,

wenn ich die Schmetterlinge kennenlernen will.«

Antoine de Saint-Exupéry »Der kleine Prinz«

Gut genährte und gepflegte Rosen halten auch ein paar Raupen aus

Was ist eigentlich vollkommene Schönheit? Ist es Makellosigkeit? Nein, Makellosigkeit ist langweilig. Das Wissen um die Vergänglichkeit macht die Schönheit aus. Das Anschwellen und allmähliche Aufbrechen einer Knospe sagt bereits das Fallen der Blütenblätter voraus. Ein schöner Schmetterling ohne die emsig an unseren Pflanzen nagende Raupe ist nicht denkbar. In der Metamorphose von der Larve zum Schmetterling ist die Zerstörung eine Voraussetzung für Schönheit. Und die Raupe zerstört. Sie frisst an den Blättern und den Knospen, wickelt sich in die frischen Triebe und verklebt sie ineinander, sodass diese nicht mehr atmen können. In der naturwissenschaftlichen Terminologie ist die Raupe das Fressstadium des Schmetterlings. Ein Tier als ein »Stadium« zu bezeichnen klingt sehr seltsam, und doch ist es korrekt.

Schmierseife, Kaffeesatz, Knoblauch, Wermuttee, Algenkalk, Steinmehl, Tabakasche, Ruß über feuchtes Laub geschüttet, das Abspritzen mit dem scharfen Strahl des Gartenschlauchs oder das Absammeln mit der Hand – Vorschläge zur Bekämpfung dieser Vielfraße gibt es reichlich, Insektizide ebenfalls.

LINKS Tiere gehören genauso zum Garten wie Pflanzen. Für sie sind Blüten und Blätter nicht Zierde, sondern Nahrungsquelle. Solange ihr Appetit nicht überhandnimmt, sollte man sich einfach an ihnen erfreuen.

RECHTS Vor allem die Rosenbegleiter sind wahre Insektenmagneten, allen voran *Verbena bonariensis*. Aber auch die leuchtend magentafarbenen Blüten von *Geranium psilostemon* werden gerne besucht.

Eine gute Methode ist die Ablenkung durch Pflanzen, die von Raupen und Schmetterlingen bevorzugt werden. An erster Stelle stehen Brennnessel und Distel. Heimische Schmetterlinge wie Tagpfauenauge, Kleiner Fuchs und Admiral lieben Brennnesseln und legen dort auch ihre Eier ab. Ohne Raupe kein Schmetterling. So einfach ist das. Im Ippenburger Garten gibt es seit 2011 ein Schmetterlingstal. Dort wächst alles, was Schmetterlinge lieben. Auch Brennnesseln wachsen dort in großen Mengen und vor jedem unserer Festivals, zu denen der Garten herausgeputzt und sozusagen showfähig gemacht wird, stellt sich erneut die schwierige Frage, ob diese Unordnung zumutbar ist. Beschwerden gab es noch nicht. Man muss wohl ein paar Brennnesseln aushalten, wenn man Schmetterlinge haben möchte! Auch Ablenkungspflanzen, die im Rosenbeet stehen, wie Agastache, Oregano oder Salbei helfen gegen Raupen und andere Schädlinge. Je mehr Insekten liebende Begleitpflanzen die Rose umgeben, umso besser. Die besten »Opferpflanzen«, sind Lavendel, Studentenblume *(Tagetes)* und Kapuzinerkresse *(Tropaeolum majus)*, obwohl letztere mit ihrer ganzen Anmutung und den leuchtenden Farben nicht unbedingt in einen Rosengarten passt. Vor allem jedoch gilt: Gut genährte und gepflegte Rosen halten auch ein paar Raupen aus.

GANZ LINKS OBEN Einfach blühende Rosen wie ‚Pretty Kiss'® werden gerne von Bienen besucht, um Nektar zu sammeln.

GANZ LINKS UNTEN Die schöne Raupe des Ringelspinners hat hier zwar ein ganzes Rosenblatt vertilgt. Größerer Schaden ist von ihr aber nicht zu befürchten.

LINKS OBEN Ein Marienkäfer sucht nach getaner Arbeit als Läuseverzehrer im Herbst Schutz auf einer Hagebutte.

LINKS UNTEN Rendezvous eines Landkärtchens mit flotter Biene auf der köstlich duftenden Schokoladenblume.

OBEN Einen Schmetterling, der auf einer Rosenblüte sitzt, sieht man nur sehr selten, denn Rosen bieten ihnen keine Nahrung.

»Da es meine Rose ist.«

»›Die Menschen bei dir zu Hause‹, sagte der kleine Prinz, ›züchten fünftausend Rosen in ein und demselben Garten ... und doch finden sie dort nicht, was sie suchen ...‹«

Antoine de Saint-Exupéry »Der kleine Prinz«

Ein Rosengarten, der den ganzen Sommer ununterbrochen blüht!

Es gibt viele Gartenbesitzer, die sich ihren Garten ein für alle Mal von einem Gartengestalter anlegen lassen. Sie äußern Wünsche und Vorlieben, vertrauen jedoch in allem, was Auswahl und Gestaltung betrifft, der Fachkenntnis des Profi-Gärtners oder Landschaftsarchitekten. Manche legen ihren Rosengarten nach dem Vorbild des englischen Cottagegartens an. Dort gibt es dann viele historische und Englische Rosen, Lavendel, Rittersporn und Lilien. Wir finden Kletterrosen, die an Hauswänden und über Laubengänge ranken, Rambler, die in Obstbäume wachsen und Hochstammrosen, die die Vertikale betonen. Das ist der klassische Rosengarten. Mit Buchsbaum oder Lavendel eingefaßt, ist er zauberhaft zur Blüte im Juni und Juli, danach allerdings immer etwas erschöpft, zerzaust und grau. Der Versuch, neue, moderne Rosen in einen solchen Garten zu setzen, um die Blütezeit zu verlängern, gelingt nicht überzeugend. Sie passen einfach nicht zum Stil. Allein schon der eher steife, aufrechte Habitus, die kraftstrotzende Blattstruktur und das glänzende Laub wirken deplatziert neben den zarten, überhängenden Zweigen und den grauen Blättern der historischen Rosen. Da eine Kombination aus historischen und neuen Rosen schwierig ist, entsteht der Wunsch nach einem Rosengarten, der ausschließlich der neuen Rose und ihren passenden Begleitern gewidmet ist und der den ganzen Sommer lang ununterbrochen blüht, von Mitte Juni bis zum Frost!

ROSEN BRAUCHEN SONNE UND WIND – ABER KEINE ZUGLUFT!

Um einen solchen Garten geht es hier. Über die formale Struktur dieses Gartens wird jeder nach seinem Geschmack entscheiden. Der eine liebt es naturnah, mit schlängelnden Wegen und Rabatten. Der andere orientiert sich am barocken Parterre, mit geometrisch einander zugeordneten quadratischen oder rechteckigen Beeten. Manche denken sich ganz neue Kombinationen aus – der Fantasie sind da keine Grenzen gesetzt.

LINKS Die geschlossenen Blütenköpfchen der Färberkamille *(Anthemis tinctoria* 'Sauce Hollandaise') lassen wie ein transparenter Schleier den Blick auf die Edelrose 'Winter Sun'® zu.

RECHTS Sind die Blüten dagegen geöffnet, bildet die Staude kompakte, undurchsichtige Horste. Deshalb wird sie besser im Hintergrund gepflanzt, wie hier als Partner der Rose 'Pretty Star'®.

RECHTS UNTEN Da *Geranium psilostemon* über einen Meter hoch werden kann, lässt es sich gut mit kräftigen Rosen kombinieren. Hier bringt es das Gelb der Sorte 'Sterntaler'® zum Leuchten.

OBEN Orange macht glücklich! Die Rose 'Fairest Cape'® sonnt sich in einem Blütenmeer von Nelkenwurz, Brennender Liebe und Witwenblumen.

Entscheidend für das Gelingen eines Rosengartens sind fünf Faktoren. Rosen brauchen Sonne und Wind, damit ihre Blätter nach einem Regenguss schnell wieder trocknen. Zugluft allerdings mögen sie nicht. Sie brauchen einen tiefgründigen, lehmig-humosen Boden, der gern etwas kalkhaltig sein darf. Die Rosen müssen gesund sein und sie müssen zueinander passen. Bezüglich der Gesundheit gibt es für Rosen das ADR-Siegel, das Zertifikat der Allgemeinen Deutschen Rosenneuheitenprüfung für robuste, krankheitsresistente Sorten. Bei europäischen Rosen, aber durchaus auch bei den deutschen, denn nicht alle haben das Siegel, sollte man sich auf das Urteil eines erfahrenen Züchters oder eines auf Rosen spezialisierten Baumschulinhabers verlassen.

Auch die Frage, welche Rosen miteinander harmonieren, sollte man gemeinsam mit einem erfahrenen Rosenkenner erörtern, allerdings ist es in dem Punkt wichtig, seinen Vorlieben zu folgen. Die Rose muss schließlich zu ihrem Besitzer und Gärtner passen, nur dann wird er der Herausforderung, die ein Rosengarten an ihn stellt, dauerhaft und mit wachsender Leidenschaft begegnen können.

EIN BEET WIE EIN BLUMENSTRAUSS!

Beginnen sollte man mit blühenden Rosen im Container. Abhängig von der Größe der zur Verfügung stehenden Fläche und von der Wuchsstärke, also dem zu erwartenden Umfang der Pflanze, ist es sinnvoll, für jeden Standort zwei, drei Rosen der gleichen Sorte auszuwählen. Größere Strauchrosen, die sich bis zu einem Umfang von einem Meter und mehr ausbreiten können, behandelt man als Solitär. Kleinere stellt man in Dreier- oder sogar Fünfergruppen auf. Bei der Auswahl der Begleitpflanzen gibt es eine absolut sichere Strategie, um zu erreichen, dass man zur Rosenblüte das gewünschte Farben-

OBEN Die zarten Blüten der Rose 'The Lark Ascending' schweben über einem »Teppich« aus kräftig orangefarbenen Mitstreitern (Scheinsonnenhut 'Marmalade', Lichtnelke 'Vesuvius' und Nelkenwurz 'Prinses Juliana').

spiel erreicht. Es ist die Blumenstrauß-Methode. Die Basis des Straußes sind die ausgewählten Rosen. Ein bis zwei Rosenblüten samt Blatt und Stängel müssen für diese Aktion leider geopfert werden. Aber es lohnt sich. Mit dem kleinen Rosenstrauß geht es nun in eine gut sortierte Staudengärtnerei oder in einen Gartenmarkt. Alles, was blüht und farblich sowie strukturell, also auch von der Farbe und Konsistenz des Blattes, aber auch vom Standort passt, wandert jetzt in den Einkaufskorb. Man nehme möglichst immer gleich drei bis fünf Pflanzen von einer Sorte, abhängig von der Größe des Topfes und der Größe des Gartens. Denn für die Begleitpflanzen gilt dasselbe wie für die Rosen. Sie sollten immer an ein oder zwei weiteren Stellen des Gartens auftauchen. Das ist wichtig für die Architektur des Beetes und für die rhythmische Harmonie des Ganzen. Ein Beet ist wie eine Symphonie. Wie diese lebt es von der Wiederholung einzelner Sequenzen, der Folge gleichartiger Abschnitte.

Man kann bei der Auswahl seiner Intuition folgen oder aber eine Liste mit passenden Begleitern und den No-Gos mit sich führen, um große Pannen zu vermeiden. Auf diese Weise ist zumindest sichergestellt, dass alle ausgewählten Stauden und Sommerblumen zur gleichen Zeit blühen. Diese Blumenstrauß-Methode kann man in den Monaten Juni, Juli, August, September und Oktober durchführen, um vom Sommer bis zum Herbst blühende Begleiter der Rose zu haben.

Wer nun immer noch auf sich allein gestellt ist und keine Gartenfachkraft zurate ziehen kann oder auch gar nicht möchte, verteilt die Pflanzen jetzt nach dem eigenen Gefühl für Farbe und Rhythmus im Beet. Man taucht die Töpfe in einen Wassereimer, bis der Ballen richtig vollgesogen ist, zieht die Topfballen unten ein wenig auseinander und pflanzt sie tief genug ein. Das Pflanzloch sollte doppelt so groß sein wie der Ballen, die Erde drumherum locker. Der Ballen sollte dann gut mit

Erde bedeckt sein. Das zu flache Einsetzen der Pflanzen ist der am häufigsten gemachte Fehler. Die Folgen sind schrecklich. Die Sonne scheint direkt in das Topfsubstrat hinein, der Wind geht darüber hinweg, die Pflanzen trocknen aus, verkümmern und sterben. Wenn das passiert, nützt auch Gießen nichts mehr. Die Pflanze muss herausgenommen, zurückgeschnitten, getaucht und erneut eingesetzt werden – und vielleicht schafft sie es dann beim zweiten Mal. Auch die Containerrosen wollen so behandelt werden. Wassermangel in einer neuen Pflanzung ist der Anfang vom Ende.

Wurzelnackte Rosen, die von November bis Ende März, manchmal auch bis Mitte April gepflanzt werden können, werden immer eine Nacht vor der Pflanzung ins Wasser gelegt, damit sich die Wurzeln vollsaugen können. Dann wird ein großes Loch ausgehoben, mindestens doppelt so tief, wie die Wurzeln lang sind. Die Wurzeln werden etwas gestutzt, das Loch wird mit Wasser und lehmhaltigem Oberboden gefüllt. Nun wird die Rose hineingesetzt und so lange hin und her bewegt, bis sicher ist, dass alle Wurzeln von Schlamm umgeben sind. Die Rose wird so positioniert, dass die Veredelungsstelle mindestens fünf Zentimeter unter der Oberfläche ist und es wird so viel Erde nachgeschüttet, bis das Wasser aufgesogen ist. Abschließend wird etwas Erde angehäufelt, weil der Boden zusammensackt, wenn er trocken wird. Nach ein paar Tagen lässt man erneut ein paar Liter Wasser langsam in die Pflanzstelle sickern. So eingebettet und eingeschlämmt, wächst garantiert jede Rose an.

LINKS Am schönsten wirkt 'Rosenstadt Freising'®, wenn sie in Gesellschaft mit rot und weiß blühenden Nachbarn steht, wie hier mit Prachtkerze, Witwenblume oder dem dunkelroten Löwenmäulchen.

OBEN Auch die einjährige Skabiose 'Black Knight' ist ein geeigneter Partner. Mit den schwarzroten Blütenköpfen und den weit hinausragenden weißen Staubfäden verbindet sie die hellen und dunklen Farbtöne.

OBEN Die hoch aufstrebenden Stängel des Eisenkrautes nehmen den Rosen 'Maurice Utrillo'® und 'Tequila 2003'® die Schwere.

Aber zurück zu dem neuen Rosengarten. Nachdem die Stauden nun verteilt sind, schaut man, ob das Beet einigermaßen ausgewogen ist, und setzt ein paar Akzente mit Gräsern, kräftigen Solitärstauden wie *Acanthus*, *Macleya*, *Echinops* oder *Verbascum* sowie Buchsbaum- oder Eibenwürfeln und -quadern. Kugeln und Kegel passen besser zu den historischen und Englischen Rosen. Die neuen Rosen brauchen kräftige Partner und Gegenspieler.

GESTAUCHTE SOMMERBLUMEN GEHÖREN NICHT INS BEET!

Die restlichen Flächen können nun mit einjährigen Sommerblumen gefüllt werden, wobei auch hier darauf zu achten ist, dass sie in Blatt- und Blütenfarbe harmonieren. Auch bei den Sommerblumen kann die Blumenstrauß-Methode zum Einsatz kommen. Abgesehen von einigen etwas schrillen Balkonschönheiten wie Begonien, Petunien, Margeriten und Geranien passt eigentlich alles. Auf Balkonkastengröße gestauchte Sommerblumen dürfen aber auf keinen Fall in die Rosenbeete gesetzt werden. Man sieht diese gestauchten Exemplare unter anderem bei Ziertabak *(Nicotiana × sanderae)*, Kosmee *(Cosmos)* und neuerdings auch bei Kornblumen *(Centaurea cyanus)*, also bei all jenen Sommerblumen, deren Zauber sich gerade dann entfaltet, wenn sie sich großzügig tanzend, schwebend und webend um die Rosen legen und sich zwischen ihre Zweige schieben. Gestauchte Sommerblumen gehören auf Balkon und Terrasse, aber nicht ins Beet!

Die Möglichkeiten, den Frühling, Sommer und Herbst mit Einjährigen zu verschönern und zu vollenden, werden noch viel zu wenig genutzt. Dabei ist das Angebot inzwischen fantastisch.

OBEN Die lineare Struktur des Hohen Ehrenpreises 'Charlotte' dagegen erdet und gibt der wolkigen Blütenpracht von 'Boticelli'® Halt.

Den Einjährigen – ob Sämlingen, Jungpflanzen, Knollen oder Zwiebeln – sollte zunächst, aber auch später, wenn die Stauden sich allmählich breiter machen, die ganze Aufmerksamkeit gelten. Sommerblumen machen glücklich! Sie sind der Inbegriff des Sommers. Das Feuerwerk ihrer Farben, das bis spät in den Herbst hineinlodert, sollte die Eintönigkeit des pflegeleichten Dauergrüns aus unseren Gärten vertreiben.

Warum wird dieser Vielfalt immer noch so wenig Beachtung geschenkt? Es ist eine Frage der Zeit. Die Entwicklung des Angebots an Kräutern und Gemüsepflanzen der letzten Jahre hat gezeigt, wie es gehen kann. Das Interesse und die Lust am Kauf von ausgefallenen Sorten war groß und durchaus anspruchsvoll.– Der Erfolg? Die in Gartenmärkten angebotene Vielfalt an Kräutern und Gemüsesorten ist fantastisch. Der Markt liefert, was begehrt wird!

Die meisten Neuzüchtungen, aber auch die Klassiker unter den Sommerblumen stammen von Alma de L´Aigles favorisierten »Unkräutern« ab. Der größte Zauberkünstler ist der Salbei. *Salvia coccinea* 'Forest Fire', *Salvia greggii* 'Royal Bumble', *Salvia* 'Amistad', *Salvia* 'Wendy´s Wish', *Salvia coccinea* 'Lady in Red'. Neben den Salvien muss noch unbedingt der Strauch-Basilikum 'Magic Blue' erwähnt werden, dazu die hohen, ungestauchten Ziertabaksorten *Nicotiana* 'Tinkerbell', *Nicotiana* 'Lime Green' ,*Nicotiana langsdorffii* sowie *Cosmos* 'Chocomocha', die Schockoladen-Kosmee und *Cosmos* 'Purity', die schöne, weiße Kosmee, die nicht ganz so riesig wird wie die anderen. Dazu Löwenmäulchen, Zinnien, Skabiosen, Spinnenblumen sowie Lobelien und Bartfaden. *Ratibida columnifera*, eine herrliche Sommerblume, ist leider noch sehr unbekannt, während *Verbena bonariensis* seit Langem der absolute Star ist.

Epilog

»Das unmittelbare Anschauen der Dinge ist mir alles, Worte sind mir weniger als je.« Dies schrieb Goethe, der sein ganzes Leben der Sprache und dem einzelnen Wort gewidmet hatte, am 22. März 1831, genau ein Jahr vor seinem Tod, an Johann Sulpiz Boisserée, einen befreundeten Kunstsammler und -kritiker aus Köln.

»›Man darf den Blumen nicht zuhören, man muß sie anschauen und einatmen‹, sagt der kleine Prinz zu seinem Freund, dem Piloten.«

Das Anschauen und Einatmen der Rosen ist auch der rote Faden, der sich durch Alma de l'Aigles berühmtes Buch »Begegnung mit Rosen« hindurchzieht.

Die Augenblicke, die Ferdinand Graf von Luckner in dem Ippenburger Rosarium 2000 + in seinen Fotografien so meisterhaft festhielt, laden zum Schauen, Träumen und Planen ein. »Worte sind … weniger als je ...« Sie können allenfalls vertiefen, erklären und Geschichten erzählen. Sie können Verborgenes sichtbar machen und Vergangenes lebendig. Sie können inspirieren und dazu ermutigen, dem eigenen Anschauen zu trauen. Dieses Buch ist, genau wie ein jeder Rosengarten, eine Annäherung an die Rose. Wenn Sie jetzt Lust verspüren, in die großartige Palette der neuen Rosen, Stauden und Sommerblumen hineinzugreifen und sich einen eigenen Rosengarten zu schaffen, dann hat das Buch sein Ziel erreicht!

»Geh' die Rosen wieder anschauen.«

Adressen, die Ihnen weiterhelfen

Rosenschule Stange
Kurzenmoor 30
25370 Seester
Tel.: 04121 / 4916472
www.rosen-stange.de
(Lieferant aller im Buch genannten Rosensorten)

W. Kordes' Söhne Rosenschulen GmbH & Co. KG
Rosenstraße 54
25365 Klein Offenseth-Sparrieshoop
Tel.: 04121 / 48 70 - 0
www.kordes-rosen.com

Rosen Tantau Vertrieb GmbH & Co. KG
Tornescher Weg 13
25436 Uetersen
Tel.: 04122 / 70 84
www.rosen-tantau.com

Meilland Rosen
www.meilland.com
Vertretung Deutschland:
BKN STROBEL GmbH & Co. KG
Pinneberger Strasse 238
25488 Holm-Kreis Pinneberg
Tel.: 04103 / 12 12 - 0
www.bkn.de

Pépinières et Roseraies George Delbard
F-03600 Malicorne
Tel.: 0033 (0) 4 70 64 33 34
www.georgesdelbard.com
Ansprechpartner für Deutschland:
Ingrid Fischer
Tel.: 0172 / 10 93 062
Ingrid.Fischer@georgesdelbard.com

Lens Roses
Redinnestraat 11
B-8460 Oudenburg
Tel.: 0032 (0)59 26 78 30
www.lens-roses.be

David Austin Roses Ltd.
Bowling Green Lane
Albrighton
GB Wolverhampton WV7 3HB
Tel.: 00800 / 77 77 67 37
www.davidaustinroses.com
deutsch@davidaustinroses.com

Staudengärtnereien

Kaiserstühler Staudenhof Menton GdbR
Bahlinger Str. 20
79356 Eichstetten
Tel.: 07663 / 9 46 40
www.menton-stauden.de

Staudengärtnerei Dieter Gaissmayer
Jungviehweide 3
89257 Illertissen
Tel.: 07303 / 72 58
www.gaissmayer.de

Staudengärtnerei Panitz
Arno Panitz
Am Frauenwald 1
84056 Rottenburg a. d. Laaber
Tel: 08781 / 7 47
www.stauden-panitz.de

Kwekerij 'De Hessenhof'
Miranda en Hans Kramer
Hessenweg 41
NL-6718 TC Ede
Tel.: 0031 (0) 318 / 61 73 34
www.hessenhof.nl

Kwekerij Rijnbeek an Zoon B.V.
Rijerskoop 281
Rijerskoop 303 (Postadresse)
NL-2771 BK Boskoop
Tel.: 0031 (0) 172 / 21 25 49
www.rijnbeek.com

Frühjahrs- und Sommerblumen

Getopfte Pflanzen erhalten bei regionalen Gärtnereien und Gartencentern

Samenlieferanten

Bruno Nebelung GmbH
Freckenhorster Str. 32
48351 Everswinkel
Postfach 1263
48348 Everswinkel
Tel.: 02582 / 67 00
www.nebelung.de

Weigelt GmbH & Co. ES KG
Obere Martinsthaler Str. 4-5
65396 Walluf
Telefon: 06123 / 71066
www.weigelt-es.de

N.L. Chrestensen
Erfurter Samen- und Pflanzenzucht GmbH
Witterdaer Weg 6
99092 Erfurt
Tel.: 0361 / 22 45 - 0
www.chrestensen.de

Graines Voltz
ZA La Perrière
17 rue Lavoisier
F-49800 Brain sur l'Authion
Tel.: 0033 241 5457 10
www.grainesvoltz-samen.com
Ansprechpartner Deutschland:
Florensis Deutschland GmbH
Schloßallee 26
47652 Weeze
Tel.: 02837 / 664 25 - 0
www.florensis.de

Jansen Zaden B.V.
Helmkamp 62
NL-7091 HR Dinxperlo
Tel.: 0031 315 / 651 235
www.jansensamen.de

Thompson & Morgan
Poplar Lane
Ipswich,
GB-Suffolk IP8 3BU
Tel.: 0044 1473 / 80 61 45
www.thompson-morgan.com

Literaturverzeichnis

Folgende Werke wurden bei der Erstellung des Buches hinzugezogen:

Alle Zitate von Antoine de Saint-Exupéry stammen aus »Der kleine Prinz«, © 1950 und 2014 Karl Rauch Verlag, Düsseldorf

»Rosen beschatten die Hänge …«, Sappho, zitiert aus Alma de l'Aigle, »Begegnung mit Rosen«, Dölling und Galitz Verlag 2002

»Des Seelengartens Bote ist die Rose …«, Maulana Dschelaleddin Rumi, zitiert aus Alma de l'Aigle, »Begegnung mit Rosen«, Dölling und Galitz Verlag 2002

»Ehre und Zauber der Blumen …«, Anakreon, zitiert aus www.frost-burgwedel.de, Rosengeschichte

»Dort ist die Rose …«, Dante Alighieri, »Die Göttliche Komödie«, Paradies, 23. Gesang

»Es ist erstaunlich …«, William Robinson, zitiert aus Tony Lord, »Gärten voller Rosen«, Christian Verlag 2000

»Die Rose ist mehr als eine schöne und berühmte Blume …«, Walter Page Wright, »Roses and Rosegardens«, George Allen & Unwin, Großbritannien 1940

»Bei der Verwendung von Rosen …«, Dietrich Woessner, »Das praktische Rosenbuch«, ©1978, 1996, Eugen Ulmer KG, Stuttgart

»… als Garten+schmuck das Schönste …«, Heinz Dieter Krausch, »Kaiserkron und Päonien rot …«, Dölling und Galitz Verlag 2002

Alle Zitate von Alma de L'Aigle aus »Begegnung mit Rosen«, Dölling und Galitz Verlag 2002

»Man habe auch tausendmal von einem Gegenstande gehört …«, Johann Wolfgang von Goethe, »Italienische Reise«, Deutscher Taschenbuchverlag 1997

»Das unmittelbare Anschauen …« Johann Wolfgang Goethe, zitiert aus Richard Dobel, »Lexikon der Goethezitate«, Deutscher Taschenbuch Verlag 1995

»Ich bin besonders dafür, Garten und waldigen Boden …«, Gertrude Jekyll, »Wald und Garten«, Verlag Julius Baedecker 1907

»Daraus schließe ich, dass die Zahlen …«, Leon Battista Alberti, »De re aedificatoria«, zitiert aus Priya Hemenway, »Der Geheime Code«, Verlag Taschen 2013

Viktoria Freifrau von dem Bussche ist leidenschaftliche Gärtnerin. Sie verbrachte einen großen Teil ihrer Kindheit auf einem Landgut in der Lüneburger Heide. Nach ihrem Studium der Geschichte, Kunstgeschichte und Malerei heiratete Sie Philip Freiherr von dem Bussche, mit dem sie vier Kinder und sieben Enkelkinder hat. Sie hat die Gärten von Schloss Ippenburg zu einer viel beachteten Gartenanlage mit zahlreichen Rosengärten umgewandelt.
www.ippenburg.de

Ursula Gräfen ist freischaffende Landschaftsarchitektin in München. Ihre besondere Liebe gehört den Pflanzen. Neben vielen privaten und öffentlichen Projekten hat sie verschiedene Rosengärten für Schloss Ippenburg gestaltet. Die Krönung ist das Rosarium 2000+ bei dem sie nicht nur die Rosen und ihre ein- und mehrjährigen Begleiter plant, sondern auch jedes Jahr zur Betreuung und Weiterentwicklung vor Ort ist und somit auf einen reichen praktischen Erfahrungsschatz zurückgreifen kann.
www.la-ursula-graefen.de

Ferdinand Graf von Luckner ist seit vielen Jahren einer der renommiertesten deutschen Gartenfotografen und vor allem bekannt für seinen einfühlsamen Stil. Er arbeitet für Zeitschriften wie *Schöner Wohnen*, *Häuser*, *Country* und *Garten-Träume* sowie für verschiedene Buchprojekte.
Näheres unter
www.graf-luckner.de

Bildnachweis

Alle Bilder von Ferdinand Graf von Luckner, außer:
Les Arts Décoratifs, Paris / Jean Tholance / akg-images: 12
Ursula Gräfen: 10, 11, 18, 19l, 31o, 31u, 34, 36o, 37, 53, 67, 68, 71u, 75o, 76, 78or, 78u, 79u, 80, 83o, 83u, 84, 86o, 86u, 87u, 88, 90ol, 90or, 90u, 91o, 91u, 92, 94ol, 94or, 94u, 95o, 95u, 100, 104, 106ol, 106or, 106u, 107o, 107u, 113, 114ol, 114or, 114ul, 114ur, 115, 120, 122ol, 122or, 122ul, 122ur, 123, 126, 127o, 127u, 128, 129

Viktoria Freifrau von dem Bussche: 16, 17o, 28la, 28lu, 30, 36u, 40, 51o, 51u, 56lu, 96, 99o, 99u, 111, 131

anja ciomer – Fotolia: Blattgirlande

Impressum

Bibliografische Information der Deutschen Nationalbibliothek
Die Deutsche Nationalbibliothek verzeichnet diese Publikation in der Deutschen Nationalbibliografie; detaillierte bibliografische Daten sind im Internet über http://dnb.d-nb.de abrufbar.

BLV Buchverlag
GmbH & Co. KG
80636 München

www.facebook.com/blvVerlag

Umschlagfotos: Ursula Gräfen (Vorderseite),
Ferdinand Graf von Luckner (Rückseite und Klappen)
Lektorat: Rita Meixner
Textlektorat: Marion Lagoda
Herstellung: Hermann Maxant
Layoutkonzept Innenteil und DTP: griesbeckdesign, Dorothee Griesbeck, München

Gedruckt auf chlorfrei gebleichtem Papier

Printed in Germany

ISBN 978-3-8354-1434-1

Hinweis
Das vorliegende Buch wurde sorgfältig erarbeitet. Dennoch erfolgen alle Angaben ohne Gewähr. Weder Autorinnen noch Verlag können für eventuelle Nachteile oder Schäden, die aus den im Buch vorgestellten Informationen resultieren, eine Haftung übernehmen.